AF359450

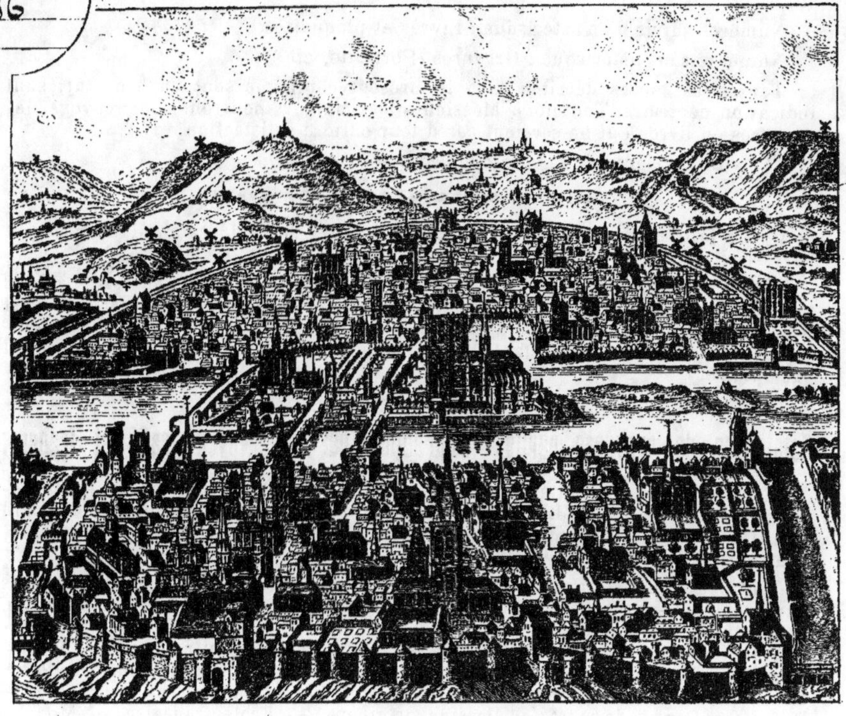

Vue de Paris vers 1610

Catalogue Mensuel nᵒ 6. — Mars 1891.

RÉPERTOIRE GÉNÉRAL

de 6000 vues et portraits anciens

classés par villes et provinces de France avec de nombreux renvois, et suivi à la fin, d'une table alphabétique de tous les noms propres.

EN VENTE AUX PRIX MARQUÉS CHEZ

GODEFROY MAYER

MARCHAND D'ESTAMPES

47, RUE RICHER, A PARIS

PREMIÈRE PARTIE :

Contenant l'Alsace, l'Anjou, l'Artois, l'Aunis, l'Auvergne, le Béarn, le Berry, le Bourbonnais, la Bourgogne, la Bretagne, la Champagne, la Corse, le Dauphiné, la Flandre et la Franche-Comté.

Numéros suivis d'un astérisque : Livres et plaquettes.

Numéros sans astérisque : Gravures (Portraits, etc.).

Toutes les pièces décrites dans le présent catalogue sont en bon état, sauf indication contraire. Toutefois, Messieurs les amateurs pourront nous renvoyer les gravures ou livres qui ne seraient pas à leur entière satisfaction.

Tous les numéros de ce catalogue sont volontiers envoyés

EN COMMUNICATION

et il sera fait le meilleur accueil à toutes les listes de desiderata qui nous seront adressées.

Notice importante : *La suite de ce Répertoire ne sera adressée qu'aux personnes qui nous en feront la demande*; l'envoi se fera gratis et franco. On est prié de conserver le présent catalogue, à cause des renvois et de la table alphabétique à la fin ; le tirage étant limité nous pourrions plus fournir un second exemplaire.

Catalogues de gravures publiés jusqu'aujourd'hui et envoyés gratis et franco :

IIe Catalogue : Portraits américains. — Livres entièrement gravés. — Manuscrits et autographes. — L'œuvre de Cars, Drevet, Huret, Granthomme, Léonard Gaultier, Fornazeris, Jac. de Heyden. — Portraits de Jésuites, Carmélites, Prémontrés. — Portraits de Médecins. — Ex-libris.

IIIe Catalogue : Portraits de Membres de l'Académie française (collection très importante). — Portraits, pièces historiques et plaquettes relatifs à l'Aristocratie. — Portraits d'Architectes et d'Ingénieurs. — Arts et Métiers. — Cartes d'adresses. — Portraits d'artisans célèbres — Portraits d'Augustins, de Bénédictins, Capucins, Carmes. — Gravures relatives aux Ballons. — Portraits de Bibliothécaires, libraires et imprimeurs. — Costumes civils et militaires. — Cuisine. — Danse. — Danses de mort — Dessins originaux. — Ecole française. — Modèles d'éventails. — Almanachs. — Portraits de cantatrices, etc., etc.

IIIe bis Index général des noms de provinces, villes, bourgs, abbayes et monastères cités dans nos 2e et 3e catalogues.

Les catalogues nos 1, 4 et 5, contenant les portraits étrangers, sont épuisés.

DESIDERATA

Nous achetons, au maximum de leur valeur, toutes les pièces désignées ci-après :

Portraits, cartes, vues, pièces historiques relatifs à l'**Amérique du Nord**. — Tous les portraits gravés de Washington, Franklin, Jones, Montcalm, Estaing, Rochambeau, Arnold, Du Couedic, Kosciusko, La Fayette, etc. — Ex-libris. — Portraits de Capucins et de Franciscains. — Beaux portraits et pièces historiques relatifs au Premier Empire et à la Révolution. — Portraits, pièces historiques et caricatures concernant les noms suivants : Napoléon Ier, sa famille, ses généraux, ses contemporains, ses adversaires : Berthier, Barras, les frères Lameth, Custine, Charette, Bonchamps, Mirabeau-Tonneau, Vict. de Noailles, Math. de Montmorency, Jourdan, Kilmaine, Dumas, Vandamme, Lauzun, Pichegru, Lallemand, Lally, Estrades, Frontenac, Aubert-Dubayet, Suffren, Dupleix, Vaudreuil, Viomesnil, Grasse, Dupont de Nemours, Ségur, Murat, etc., etc. — Canada (Portr., vues du). — Angleterre, Allemagne, Suède, Russie, Pologne, Autriche (Portr., vues et pièces historiques relatifs à ces pays). — Ballons. — Ornements anciens. — Modèles d'éventails. — Bijouterie et portraits d'orfèvres. — Portr. de Daviel, oculiste, gr. p. Le Mire. — Caricatures révolutionnaires contre La Fayette, Rochambeau, Custine, Lameth, Montmorency, etc.

GODEFROY MAYER

MARCHAND D'ESTAMPES

47, RUE RICHER, A PARIS

Alsace.

1 **Belfort** (Plan de) par N. de Fer (1680) in-4 obl.   0 fr. 50
2 **Colmar** (Vue de) p. Münster, 1548.   2 fr.
3 — Plafond et intérieur de la Bibliothèque d'après Ixnard. 4 pl. in-fol.   3 fr.
4 **Dieuze** (Représ. du campement impér. à) en 1635. Grav. de l'époque, in-fol. obl. 3 fr.
5 **Fort-Louis** (Collect. de 3 plans du), 1680-1703.   1 fr. 50
6 **Haguenau** (vue de) par Furck, 1600, in-8 obl.   1 fr. 50
7 **Mulhouse** (vue de) p. Furck, 1600, in-8 obl.   2 fr.
8 **Pfaffenhoven** (Bataille de) 1633. In-fol. obl. M. Mérian fecit.   3 fr. 50
9 **Rouffach** avec le chât. d'Isembourg par Deutsch, 1548, in-fol. obl.   2 fr.
10 **Strasbourg** (Insurrection de) 1789. Charmante pièce in-8, gr. au bistre, fort rare.   6 fr.
11 — (vue de) par Schedel, 1480, gr. in-fol. obl.   5 fr.
12 — (L'horloge de) gr. par Tscherning vers 1640, en 2 ff., gr. in-fol.   8 fr.
13 — (Collect. de 5 vues et pl. de) p. de Fer, etc.   2 fr.
14 **Thann** (Représ. d. 1 bataille de) en 1634, grav. du temps, in-fol. obl., avec les noms de Salm, Bassompierre, Savoyeux, Bulach.   5 fr.
15 **Wissembourg** (vue de) par Hogenberg, 1570, in-4 obl.   2 fr.
16 — par Münster, 1548. in-fol. obl.   2 fr.
17 **Wittenweyer** (Batailles de) en 1637 et 1638, 2 grav. de l'époque in-fol. obl. avec les noms de Gayling, Puthus, Lamboi, Metternich.   6 fr.

Portraits alsaciens.

18 **Autriche** (Léopold d'), Archev. de Strasb. In-12 (gr. p. Crispin de Passe), s. m. 3 fr.
19 **Autriche** (Léopold Guill. d'), Archev. de Strasb. Beau portr. d. un superbe entourage gr. p. P. de Iode. In-4.   4 fr.
19 *bis* — In-fol. Krafft fec.   3 fr.
20 **Bernegger** (M.) né 1582, recteur de l'école de Durlach, puis de l'univ. de Strasb. In-4. Aubry sc. Beau portr. dans un cartouche ornem.   4 fr.

21 **Barbanègre** (Baron de). Gén., défenseur de Huningue. Gr. in-fol., fig. ent. debout. Charon sc., magn. épr.   10 fr.
22 **Besenval** (P. V. Bᵒⁿ de), Sgr. de Brunstadt 1722-94. In-8, Dupréel sc.   3 fr.
23 — Conduit d. un Chât. à Brie Comte Robert, 1789. In-fol. obl. Berthault sc.   2 fr.
24 **Binder** (Hed.) Conseiller impér. à Strasbourg, 1646-1709 ; gr. in-fol. Mérian p. Seupel sc. Beau.   8 fr.
25 **Brentius** (J.), Prédicateur à Haguenau en 1528, mort en 1570 à Stuttg. In-8, Hondius sc.   4 fr.
25 *bis* **Blessig** (J. L.), Prédic. à Strasb. 1747-1806. Monument funèbre avec son portr. In tol., sculpté p. Omacht., gr. p. E. Guérin. Tr. rare.   5 fr.
26 **Bucer** (M.) né à Schlettst. en 1491, pasteur à Wissemb. In-4, « anno act. 53. R.-B. » Portr. rare et l'original de tous les autres portr. de Bucer, gr. en 1544.   6 fr.
27-28 **Dietrich** (Ph. F.), Maire de Strasb. en 1790. In-8 gr. p. Guérin. Charm. portr. rare, en 2 états à   3 fr. 50
29 **Fleckenstein** (Georg. de) Baron de Dachstuhl In-4, à cheval, joli portr. g. p. Kiefer v. 1610, t. m.   5 fr.
30 **Furstenberg** (Ferd. de), Ev. de Paderborn et de Munster, né à Strasb. en 1628. In-fol. Theod. Casp. de Furstemberg pinx., A. Blooteling sc. 1669. Portr. fort rare, s. m. 10 fr.
31 — In-fol. Michelin pinx. G. Edelinck sc. Beau.   10 fr.
32 — In-8. Bouttats sc.   2 fr.
33 **Gernler** (L.) né à Bâle en 1625, Pasteur à Brisack. In-fol. S. n. d. g. Très beau. 4 fr.
34 **Gobet**. Ev. de Lydda, né à Thann, conduit à la guillotine ; eau-forte pure de Duplessis-Bertaux, 1797.   4 fr.
35 **Gomarus** (Fr.), né à Bruges en 1563, disciple de Sturm à Strasb. Pet. in-fol. S. van Lamsweerde sculp. Très rare.   4 fr.
36 — Pet. in-fol. W. Swanenburg fec. 3 fr.
37 **Grasserus** (J. J.). Basiliensis. Feuille volante exces. rare. En haut le portr. de Grasser et ses armes finement gr. par M. Mérian, en dessous une longue pièce de vers en français avec anagr. par Jean de St Rauy, conseiller à Montpellier. Impr. a Strasb. chez J. Reppii, 1617. In-fol. 24 fr.
38 **Hedio** (G.) né à Ettlingen, chroniq. à Strasb., mort 1552. In-8 gr. p. Hondius.   3 fr.

39 **Hell** (Fr. J. A.), gr. Bailli du Landser, de Montjoie. dép. de Hagueuau en 1789 1731-94. In-8 (gr. p. Chr. de Mechel). Beau.   4 fr.

40 **Heupel** (J.), Pasteur de St-Pierre à Strasb., act. 66. In-8, Seupel sc.   4 fr.

41 **Hofer** (Josua), Syndic de Mulhouse en 1748. In-4, Hickel pinx. Hübner sc.   3 fr.

42 **Huber** (P.), né à Ulm 1569, Magister de la phil. à Strasb. en 1592. In-fol. Kilian sc. 1627. Feuille vol. rare,   4 fr.

43 **Jeanjean** (Aut.), Rect. du Sémin. a Strasb. né à Schlettst. 1727. In-4, Monica Tanisch pinx., Verhelst sc.   3 fr.

44 **Kellermann** (F. C.), né à Strasb., général Imp., fol.,fig. ent. debout. Coqueret sc. en man. noire. Sup. épr. de toute fraîcheur.   24 fr.

45 **Kléber** (J.-B.), né à Strasb. 1754, assass. au Caire en 1800. In-fol. dess. par Guérin, gr. p. Fiesinger, magn. ép. à t. m., le plus beau portr. de Kléber.   6 fr.

46 — In-4 gr. par Elisabeth Herhan. Beau.   3 fr.

47 — Imp. fol. Fig. ent. debout. gr. p. Alix en man. noire, d'après Boilly. Beau. 15 fr.

48 — Même port., magnifique ép. avant la lettre, très rare.   30 fr.

49 — La bataille des Pyramides et Entrevue de Kléber et de Napoléon. 2 tr. curieuses images populaires. imp. à Epinal, in-fol. obl.   4 fr. 50

50 **Lefebvre** (Fr. J.), duc de Dautzig, né à Ruffach, 1750-1820. In-fol. dessiné par Mengelberg, gr. par Fiesinger, magn. ép. à t. m.   6 fr.

51 — In-4, gr. par Herhan. Beau.   3 fr.

52 — Imp. folio. Fig. ent. debout; Coqueret, sc. d'ap. Kolbe, magn. ép. avant la lettre, man. noire. Très rare.   30 fr.

53 **Loewenstein-Werthein** (J. Théod., comte de), seigneur de Ribeaupierre en Als. In-4, à cheval. E. Kiefer exc. (vers 1620)   5 fr.

54 **Loewenstein-W.** (Wolfg. E. de), Seign. de Ribeaupierre. In-4, à cheval, Kiefer exc.   5 fr.

55 **Loewenstein-W.** (Max. C. Cte de), Seign. de Ribeaupierre, 1656-1718. In-fol. Spatt sc. 1710. Epr. remontée.   4 fr.

56 **Loewenstein-W.** (Carl prince de), 1714-69. In-fol. à cheval. J. E. Riediuger sc. Fort rare, mais s. m.   4 fr.

57 **Marbach** (J.), né à Lindau, Réform. a Strasb., 1521-81 In-4, Aubry sc.   3 fr.

58 — Gr. in-4. Beau portr. gr. à l'eau-forte (par Tobias Stimmer), exc. rare, s. m.   8 fr.

59 **Marchangy** (L. A. de), né d. l. Nièvre, dép. d'Altkirch, 1780-1826. In-4, Tardieu sc., t. m.   1 fr. 50

60 — In-8. Beau port. avant t. l.   3 fr.

61 **Montausier** (Charles de Ste Maure de), gouv. d'Als., de Norm. et de Saintonge, Seign. de Bergheim 1610-70. In-4. De l'Armessin sc.   4 fr.

62 **Odile** (Sainte), patronne d'Alsace, morte en 690. Curieuse grav. du 17e siècle représ. la vie de la sainte. (Gr. in-fol. Löffler jun. fecit.   4 fr.

63 **Otto** (Marc), syndic de Strasb. en 1645. In-fol. A. V. Hulle pinx. P. de Iode sc. 1649. Beau portr.   5 fr.

64 **Otto** (L. G.) né à Strasb., ministre plénip. à Londres en 1800. In-fol. Boze pinx. A. Cardon sc. 1802, t. m.   4 fr.

65 — — Magnif. épr. à t. m. à la lettre grise.   6 fr.

66 **Palatinat** (Frédéric I, Electeur du), Landvogt d'Alsace en 1425. In-fol. Schlichten pinx. Chevillet sc. 1764   4 fr. 50

67 **Pfeffel**, poète de Colmar. Illustr. p. Dagobert et Hedwig, p. l. Türkenpfeite. 2 pièces in-4 obl., color. gr. p. Nussbiegel, 1825.   3 fr.

68 **Rapp** (J.), général, né à Colmar 1772-1821 gr. in-fol. Charon sc. Sup. épr. à t. m.   10 fr.

69 **Reiseissen** (Fr.), consul de Strasb., 1631-1710. In-fol. Seupel sc.   5 fr.

70 **Reuchlin** (Fr. Jac.), Prof. à Strasb. 1695-1788. In-fol. Guerin fec. 1785 „Kugler dessiné" 1re épr. fort rare avant le changem. du 5 dans 50.   7 fr. 50

71 — Epr. avec „Ph J. Kugler delineavit" et avec le dit changement.   4 fr.

72 — In-fol. Hegi sculp.   3 fr.

73 **Rohan** (Le Const. prince de), év. de Strasb. 1697-1779. In-fol. Guérin sc. 1776.   6 fr.

74 **Reubell** (J.), né à Colmar, dép. en 1789. 1746-1810. In-4 dess. p. Guérin, gr. p. Fiesinger, t. m.   3 fr.

75 **Richter** (Fr. Xav.), Maître de chapelle de la cathédrale de Strasb. In-fol. C. Guérin fec. 1785. Charmante pièce.   10 fr.

76 **Salzmann** (J. Rod.), méd. à Strasbourg, 1611-78. In-fol. Aubry sc.   3 fr.

77 **Schenk v. Niedeck** (M.), général strasb. Sa mort en 1589, et la bat. de Hardenberg. 2 grav. intér. in-fol. obl.   3 fr.

78 **Scherer** (B. J. L.), né à Delle pr. de Belfort, général 1735 1804. Imp. folio. Fig. ent. debout. Coqueret sc. en man. noire, magn. épr. avant l. l.   30 fr.

79 **Schoepflin** (J. D.), Historiogr. à Strasb. 1694-1771. In-fol. Haid. sc. Manière noire.   4 fr. 50

80 **Sitzlin** (Nicod.), né à Ulm 1578. magister à Strasb. en 1599, pasteur à Reichenwiler en Als. de 1602-7. In-fol. gr. p. Kilian. Beau port. en forme de feuille vol.   4 fr.

81 **Sleidan** (J. Philipson dit), Dr en droit

d'Orléaus, hist. à Strasb. 1506-56. In-4 Aubry sc Beau. 3 fr. 50

82 **Spener** (Phil. Jac.). past. à Strasb. et Berlin, né à Ribeauwillier, 1635-1705. In-fol. Montalegre sc. Epr. rare sur parchemin. 4 fr.

83 **Spielmann** (J. R.), méd. à Strasb. 1722-83, In-fol. Guérin sc. 1781. 4 fr.

84 **Stimmer** (Tobias). graveur à Strasb. 1539-82. In-4, portr. rare. s. n. d. g. 5 fr.

85 **Vesembeck** (J.), étud. et doct. à Strasb. en 1563. In-fol. Feuille vol. rare gr. p. Kilian en 1612. 3 fr.

86 **Winckler** (Th. Héd.), né à Strasb., numismate, 1771-1807. In-4 Mecou sc. 3 fr.

87 **Wurmser** de Vendenheim (Dagob.) Feldmaréch. autr. Gr. in-fol. obl. Feuille vol. très curieuse avec son port., ceux de Bonaparte et de Canto d'Irles et les vues de forter. italiennes. 8 fr.

88 **Zeaemann** (G.), prof. à Strasb. en 1629. In-8. Portr. très fin p. Heyden. 4 fr.

Voyez aussi les Nos 4677, 4738, 1672, 2659, 2844, 3027, 4387, 4552. 5445, 5581, 4676.

89-141 PORTRAITS D'ALSACIENS CÉLÉBRES

Chaque portrait à 2 fr.

Andlaw d'Hombourg (B. F. A.), dép. de Colmar en 1789. In-8, Petit sc. — *Autriche* (Léop. d'). év. de Strasb., in-8, anon. — *Arndt* (J.), reçu Dr à Strasb., in-4, Aubry sc. — *Bebelius* (B.). prof. à Strasb. en 1669, in-4. Kilian sc. — *Biccius* (Grég.), prof. de Strasb., né en 1603, in-4, Aubry sc. — *Bucer* (M.), réform.. in-fol., G. Valk sc. — *Bullinger* (H.). réform. en Als., in-fol., Bouttats sc. — *Dannhawer* (J. C.), Past. à Strasb., in-4, B. Kilian sc. — *Dorscheus*, past. à Strasbr, in-4, Kilian sc. — *Le même*, in-12, Haffner sc. — *Du Bourg* (Marie Eléon. du Maine, Cte). Gouv. de Strasb. 1656-1739, in-4, Tardieu sc. — *Le même portr.* avec le joli cartouche de Babel. — *Episcopius* (L.), prof. à Ulm, Dr à Strasb. en 1596, in-4, Kilian sc. — *Feuerbonius* Just.), prof. à Strasb. et Nurb., mort 1656, in-4, Aubry sc. — *Furstenberg* (Fr. Eg. Cte de), év. de Strasb., in-4, portr. anon., holl. — *Furstenberg* (Guill. Eg.), év. de Strasb.. in-4, L'Armessin sc. — *Geyler c. Kaisersberg* (J.), Prédic. à Strasb.. mort 1510.. in-4, Aubry sc. — *Harsdorfer* (G. Ph.), Dr de Strasb. en 1626, in-fol. Sandrart sc. — *Houffius* (G.), théol. à Strab. en 1610, in-fol. Kilian sc., feuille vol. — *Hedio* (G.). in-4, Aubry sc. — *Heider* (Val.), Dr à Strasb. en 1619, in-4. — *Hofmann* (G.). Méd. étud. à Strasb. 1592, in-4, Aubry sc. — *Iselin* (Is.). In-8. gr. p. Mechel. — *Kellermann* (Fr. Christ.), gén. né à Strasb.. in-4, Texier sc. — *Kléber*. In-8, beau portr.

anon. — *Le même*. In-8. Heath sc. — *Laporte* (Jos. de), né à Belfort, 1718-79, in-8. Ingouf sc. — *Lyser* (G.), étud. à Strasb. 1592-1649, in-4, Aubry sc. — *Marbach* (Phil.), prof. à Strab. 1550-1611, in-4, P. Aubry sc. — *Martyr* (P.), réform. à Strasb., où il épouse une religieuse, 1500-62, in-fol., Pitau sc. — *Maximilien Joseph de Bavière*. colonel du rég. d'Alsace. In-fol., Nilson sc., beau. — *Le même*. in-fol. Verhelst sc. — *Pappus* (J.), réform. à Strab.. Past. à Reichenwiller, 1549-1610, in-4. Brunn sc. — *Pfeffel* (C. G.), né à Colmar, 1736, in-8, Henne sc. — *Rhenanus* (Beatus), Human. à Strasb., né à Schlettst. 1485, in-fol. avec texte, Larmessin sc. — *Richard* (J. P.), Jésuite, né à Belfort, prof. à Colmar, Nancy; in-4, Dequevauviller sc. — *Rohan* (L. C.), év. de Str., in-fol. Guérin sc., pet. m. — *Schaller* (Jac.), prof. à Strasb. 1604-76, in-4, P. Aubry sc. — *Schilling* (Chr.), past. à Strasb., in-4, Aubry sc., rare. — *Schmidt* (J.), théol. a Strasb., 1594-1658, in-8, J. Brunn sc., beau et rare. — *Le même*. In-4. Aubry sc., d. un cartouche. — *Le même*, act. 54, Aubry sc.. in-4. — *Le même* port., épr. avant le rideau. — *Le même*. In-fol. Aubry sc., act. 47. — *Schmidt* (Seb.), past. à Strasb. 1617-96, in-8, man. noire. — *Le même*, in-4. Böcklin sc. — *Le même*, in-4, Friedlein sc. — *Le même*, in-4, Seupel sc. — *Le même*, in-4. Aubry sc. — *Sebish* (Melch.), méd. à Strasb., 1651, in-4, Aubry. sc., beau. — *Sturm c. Sturmeck* (Jac.), Staettm. à Strasb., in-4, Aubry sc. — *Ulmer* (J. C.), Dr à Strasb. en 1541, in-4. Custodis, sc. — *Ursinus* (J. H.), Dr à Strasb. en 1626, in-4, (Custodis sc.).

PORTRAITS D'ALSACIENS CÉLÉBRES

142-194. — CHAQUE PORTR. A 1 FR.

(La plupart des portraits suivants sont de formats in-4 et in-8. ils sont gravés par Tardieu, De Bry, Hondius, Zetter, Aubry, Boissard, Bouttats, Guérin, Bonneville, Schuler, Heyden, etc., etc.)

Bauer (J. G.). Peintre Strasbourgeois. — *Barière* (Louis 1er, roi de). — *Becker*, général. — *Berckheim*, gén. — *Brandt* (Séb.). — *Cisner* (Nic.). — *Fagius* (P.). 2 portr. diff. — *Freigius* (Thom.). — *Furstenberg* (Ferd. de). — *Furstenberg* (G. de). — *Gessner* (Conr.). — *Geyler c. Kaisersberg*. — *Gomarus* (Fr.). — *Haffner* (Is.). *Hartmann* (J. G.), poète laut. a Str. — *Hedio* (Gasp.). — *Heermann* (J.), élève de Marbach, 2 portr. diff. — *Hofer* (Jos.). — *Kellermann* père et fils, 3 portr. diff. — *Kléber*. — *Klein*, gén. — *Lafayette*. — *Lefebvre*, maréch. — *Loniverus* (J.). — *Lycosthenes* (Conr.) — *Lippius* (J.). — *Oberlin* (J. Fr.). — *Obrecht* (G.). — *Max.*

Jos. de Baviere. — *Pfeffinger* (J. Fr.). — *Piscator* (J.). — *Rapp.* — *Reussner* (Nic.). — *Richard* (le P.) S. J. — *Rober* (P.). — *Rohan* (Arm. Gast. de). — *Schmidt* (J.). 2 portr. diff. — *Schweighaeuser* (J.). — *Simler* (Jos.). 2 portr. diff. — *Sleidan* (J.). — *Spener* (Phil. J.). — *Sturm* (J.). — *Tabernaemontanus* (J. Th). — *Voyer* d'Argenson, dép. du Haut-Rhin. — *Zeacmann* (G.) — *Zell* (Math.).

PORTRAITS D'ALSACIENS CÉLÈBRES

196-332. Chaque portrait a 50 cent.

(Les noms suivis d'un „A" représ. les portr. de profess., docteurs et étud. de l'Univ. de Strasb.: format in-16, gr. p. Axell vers 1680).

Arndt (J.) A — *Aufschlager* (J. F.). — *Barth* (Gasp.) A — *Bernegger* (M.) A — *Bertius* (P.) A — *Bouquin* (P.) A — *Brentius* (J.) — *Bucer.* — *Bullinger* (H.). 5 portr. diff. dont 2 dess. — *Cisner* (N.) A — *Crusius* (M.) A — *Danhawer* (J. C.) A — *Degenfeld* (C. M. de) A — *Dias* (J.) A et 2 autr. portr. — *Dorsch* (J. G.) A — *Dulcis* (C.) A — *Dunte* (L.) A — *Eckolt* (A.) A — *Episcopus* (L.) A — *Fagius* (P.). 2 portr. diff. — *Gerhard* (J. E.) A — *Gernler* (L.) A — *Gessner* (C.) A — *Geyger* (Dan.) A — *Geyler v. Kaisersb.* 3 portr. diff. — *Glaser* (Ph.) A — *Glanburg* (J. M.) A — *Gomarus* (F.). 2 portr. diff. — *Godefroy* (D.) A — *Gualther* (R.) A — *Guérin* (Chr.) — *Gumpelzhaimer* (J.) A — *Haffner* (J.) — *Hailand* (S.) A — *Hallwyl* (J. de). — *Harprecht* (J.) A — *Harsdorfer* (G. P.) A — *Hartmann* (S. G.) A — *Hedio* (G.) A — *Heermann* (J.). 2 portr. diff. — *Heider* (V.) A — *Heinlin* (Seb.) A — *Helmsdorf* (F.) A — *Herdesian* (C.) A — *Herrenschneider* (L.) — *Hochmann* (J.) A — *Hulter* (L.) A — *Imhoff* (G.) A. — *Jenisch* (P.) — *Junius* (M.) A — *Kellermann.* — *Kentzinger.* — *Kleber.* — *Koechlin* (J.) — *Kuchlin* (J.) A — *Kulmann* (Elisa) — *Lauth* (Th.) — *Lichtenberger.* — *Lindern-Lucius* (L.) A — *Marchal* (G.) — *Martyr* (P.) — *Matter* (J.) — *Oberlin.* 4 portr. diff. — *Oechin* (B.) — *Odilia* (Heil). — *Oelhafen* (T.) A — *Oelhafen* (N. H.) A. — *Ohmacht* (L.) — *Opitz* (M.) A — *Oporinus* (J.) A — *Otho* (J. J.) A — *Otto* (M.) — *Pappus* (J.), 2 portr. diff. — *Palatinat* (Louis VI du). A — *Palatine* (Princesse). — *Pfeffel.* — *Planer* (A.) A — *Portner* (P.) A — *Prevot* (J.) A — *Rapp.* — *Redsloh.* — *Rhumel* (J. C.) A — *Rober* (P.) A — *Schmidt* (M. Ign.). — *Schmidt* (J.) A — *Schoen* (Matt.). — *Schoenau* (Melch. de). — *Schoepflin.* (J. D.) — *Schweighaeuser.* — *Simler* (Jos.), 2 portr. diff. — *Sleidan* (J.) — *Spielmann.* — *Steinberg* (J.) A — *Sturm* (Jac.), 2 port. diff. —

Sturm (Jean). — *Ulmer* (J. C.). 2 portr. diff. — *Ursinus* (J. H.) A — *Varenbuler* (N.) A — *Venediger* (J. W.) A — *Vesembeck* (J.). *Vischer* (J.) A — *Volz* (Val.) A — *Vulteius* (J.) A — *Wagner* (G. F.) A — *Waldschmid* (B.) A — *Walter* (G. Ch.) A — *Wencker* (J.) — *Will* (J.) A — *Winckelmann* (J.) A — *Wirth* (Pol.) A — *Woelker* (G.) A — *Wolf* (H.) A — *Wormius* (O.) A — *Wurfbain* (L.) A — *Zanchius* (H.) — *Zell* (M.) — *Zix* (B.) — *Zusner* (A.) A.

333 **Cartes de l'Alsace** (Collection de 12) infol. et gr. in-fol., dont la gr. c. de l'Etat-major 1840, en 12 ff., les autres par Buethel 1737, Bailleu 1708, De Fer 1700, Mercator 1580, Le Rouge 1750, J. Walch 1740, Sanson 1690, Zeiller 1740, Starckmann 1700, etc. Réunion intéressante. 6 fr.

334 **Collection de 66 portraits et de 56 vues,** cartes, costumes, scènes, etc., relatifs à l'Alsace, ensemble 122 pièces dont un très gr. nombre anciennes et curieuses; le tout 8 fr.

AUBRY (Pierre), graveur strasbourgeois·

335 **Visus La Veve.** grav. in-4 obl. d'après A. Bosse, rare. 3 fr.
336 **France** (Marie Thérèse d'Autriche, reine de), in-4, charmant portr. gr. en 1660, rare. 4 fr.
337 **Ligne** (Claude Lamoral, Prince de), vice-roi de Naples, 1618-79. In-4, très rare. 4 fr.
338 **Plater** (Thom.), Méd. à Bâle en 1628, in-4. Rare. 3 fr.
339 **Saubert** (J.). Prédic. à Nuremb. 1592-1646. Pièce curieuse et fort rare, avec la représ. de la pierre, trouvée dans le corps de Saubert. In-4 obl. 4 fr.

340-373 **PORTRAITS gr. par Aubry,** à 2 fr.

Arminius (J.). théol. 1560-1609, in-4. — *Barlacus* (Gasp.), Méd. 1584-1648. — *Baronius* (Gasp.). bibl. et card. 1538-1607. — *Bentiroglio* (Guido), card. 1579-1644. — *Carlenus* (P.), Abbé d'Aymeries. — *Cats* (Jac. de). poète, 1577-1660. — *Clant van Stedum,* amb. en 1648. — *Claus von Unterwalden,* crém. — *Dieu* (L. de) pasteur à Leyde. — *Egmont* (Louis Comte d'), Duc de Gueldres, Juliers et Cleve. — *Erasme* (Did.). — *Espagne* (Philippe IV roi d'). — *Este* (Franc d') génér. français, 1610-58. — *Gangolph* épiscop. Davaliensis, 1668. — *Grotius* (H.), Poète, 1583-1645. — *Heereboord* (A.), Théol. à Leyde, 1615-61. — *Heinsius* (D.), Poète, 1580-1665. — *Heurnius* (A.), Méd. à Leyde, 1577-1650. — *Horn* (Conr.), Théol. à Juliers. — *Jansenius* (Corn.), év. d'Ypres. 1585-1638. — *Jean Conr.* év. de Bâle. — *Lipsius* (Just.), Prof. à Iéna, 1547-1606. — *Masa-*

niello (T. Aniello dit). révolut. à Naples, 1622-47. — *Medicis* (Ferd. II de). 1610-70. — *Nassau* (Fr. Henri, Prince d'Orange-) 1584-1647 — *Portugal* (Jean IV. roi de.) — *Primere* (Seb. Mich.). dominicain. 1544-1618. — *Putennus* (Eryc.). Dupuy, Poète, 1574-1646. — *Reihing* (J.), Jésuite, puis Past. à Stuttg. 1579-1628. — *Revius* (Jac.), théol. holl. — *Velius* (Jul.), Méd. à Bologne. — *Wollebius* (Joh.), Past. à Bâle. — *Zuerus* (Marc), Prof. à Leyde. — *Zwingli* (Huer.), Réform. 1484-1531. 6 fr.

373 *bis* **Weis**, graveur strasbourgeois. Portrait du Présid. de Thou. Pet. in-fol. br., rare. 4 fr.

374 **Les Franc-Tireurs de Colmar**. Suite de quinze pièces et d'un frontispice avant la lettre sur papier de Japon, gr. par de Boret. Epr. superbes de cette belle suite, fort rares en cet état. 14 fr.

375-410 **Thèses latines de jurisprudence, soutenues de 1722 à 1748, devant l'Université de Strasbourg Chaque, à** 2 fr.
Anthès (Fr. H. d'). de Colmar. — *Arbogast* (J. M.) de Batzendorf. — *Archambaut* (J. G. d'). de Wissemb. — *Briot* (P.), de Baccarat. — *Brognard* (F. Ign.) de Brisack. — *Brunck* à Fründeck de Stras. — *Brunck* (A. J. R), de Schelestadt. — *Cognel* (J. F.) de Vic. — *Dorsner* (F. J.) de Strasb. — *Duconte* (A. S.), de Colmar. — *Faust* (J. H.), de Strasbourg. — *Feigler* (J. G.), de Strasb. — *Fisher* (J.), de Strasb. *Fuchs* (F. J.), d'Obergheim. — *Georgius* (E. A.), d'Urach. — *Gérard* (Ch.), de Badonvillers. — *Gérard* (C. A.), de Matzenheim. — *Herrenberger* (J. Th.), de Dachstein. — *Keil* (M.). — *Lafond* (C. A.). de Dresde. — *Laquiante* (J. Th. A.), de Stras. *Lebrun* de Metz. — *Lorens* (J. M.), de Strasb. — *Mathieu* (P. J.), de Clomar. — *Mendoche* (J. G.), de Strasb. — *Niroy* (F.), de Metz. — *Pettmesser* (J. H.). — *Pin* (J. J.), de Strasb. — *Sanson* (H.), de Verdun. — *Schroetter* (J. G.). — *Simottel* (Ph. L. T.), de Colmar. — *Stadel* (J. Val.), de Colmar. — *Ustrich* (J. Ch. A.) de Westendorf. — *Vautrin* (F. J.), d'Epinal. — *Wagner* (Ch. F.), de Strasb. — *Wegbecher* (F. A.), de Blodels-heim.

411* **Reuchlin**. Liber S. Athanasii de variis quaestionibvs nvper e graeco in latinvm tradvctvs J. Revchlin interprete. *Hagenoae, Badensis*. 1519. in-4 cart. Bel ex. de cette traduction rare, dédiée au Card. Alb. de Brandebourg. 9 fr.

412* **Strasbourg**. Der Statt Strassburg Feuer-Orduung. Getruckt im Jahr 1688. In-fol. br. Beau blason gr. sur bois. Petit trou traversant les marges des derniers feuillets. 3 fr. 50

413* **Lilii Graegorii Ziraldi** Ferrariensis syntagma de mvsis. (A la fin) : Finis libelli de Musis.... que Mathias Schuererius.... impressit Argentorat. anno 1512. In-4 cart. Edit. fort rare, donnée par Philesius des Vosges, ornée de curieuses gravures sur bois, représentant les muses avec des instruments de musique ; la gravure du titre réunit toutes les 9 muses, assises dans une fontaine. 18 fr.

414* **Aulularia Plantina** Comediarum lapidissima quae etsi alias incompleta a Codro Vreeo tamen est perfecta. (A la fin): Joannis Prüsz Argentini eodem Comoedia est exacta (v. 1501). In-4 dérel. Fig. s. bois. 3 fr. 50

415* **La Réunion des Protestants de Strasbourg** à l'église Romaine, par Jean Déz de la Compagnie de Jésus. Strasbourg, Dolhopff, 1689. Pet. in-8, veau. Rare. 4 fr. 50

416* **Léopold**, *archiduc et évêque de Strasbourg*. Lettre de l'Archiduc Léopold envoyée à Mademoiselle pour traicter la paix. — Le mavvais svccez de l'espion de Mazarin cnuoyé à l'Archiduc 1649. — Réponse véritable de Mademoiselle. 4 plaquettes in-4 dérel. 6 fr.

417* **Maximilien III**, *archiduc et landrogt* d'Alsace en 1605. Brochure allem. conten. la description d'une médaille avec son portrait. 8 pp. in-4 dérel. 2 fr.

Anjou.

418 **Carte** ancienne de l'Anjou par Licimo Guyeto d'Angers, vers 1580 ; gr. in-fol. obl. 1 fr. 50
Voyez aussi n°° 974, 1785, 4535, 5007, 5622, 5624, 5631, 4658.

419 **ANGERS**. Pet. vue curieuse, in-8 obl., gr. en 1600 p. Furck. 2 fr.

420 — Pet. vue gr. en Allem. v. 1640. 1 fr.

420 *bis* — **St-Albin**, Bén., év. d'Angers ; in-8, s. n d. g. vers 1640. 2 fr.

421 **Arnauld** (Henri) Paris. év. d'Angers, doyen de l'égl. de Toul, 1597-1692 ; in-4, dir. à g. : au bas : « super speculam... » 3 fr.

422 — Pet. in-fol. Corneau, sc. à Saumur s. m.. rare et non décrit. 3 fr.

423 — In-fol. Trouvain, sc. act. 90. Médaill. soutenu p. d. anges. 5 fr.

424 — In-fol. F. Poilly sc. Magn. épr. avant l. l., très rare. 12 fr.

425 — In-fol. Michel Lasne fec. Avant l. l. 10 fr.

426 **Ayrault** (Pierre). Maire d'Angers 1536-1601. Pet. in-fol. L. Gaultier inc. 1615. Magn. épr. de toute rareté. 25 fr.

427 **Bérenger**, archidiacre d'Angers, mort 1088 ; in-8, s. n. d. g., in-4 p. Thevet, à   0 fr. 50

428 **Du Pineau** (Gabr.). Maire d'Angers, 1573-1644. In-fol. Ertinger sculp., rare.   6 fr.

429 — In-fol. J. B. sc. Portr. fort rare et non décrit, au bas 4 vers latins typogr., « amicus authoris et sculpt. »   10 fr.

430 **Eveillon** (Jac.), Vic. gén. d'Angers, 1582-1651. In-fol. Landry, sc. 1672. (Il légua sa bibl. aux Jés. de la Flèche).   4 fr.

431 **Fronteau** (J.), né à Angers en 1614, chan. de S. Génev., cure à Montargis. In-4 Desrochers fec.   2 fr.

432 — Pet. in-fol. Nanteuil sc. 1663. F. Cabouret del. Beau.   5 fr.

433-435 **Gondy** (J. F. de), archev. de Paris. abbé de St-Aubin d'Angers et de St-Martin de Pontoise, 1583-1654. In-8 (Cl. Mellan sc. ?) ; in-8 Odieuvre, exc. ; in-8 M. Lasne, fec., à   2 fr.

436-438 — In-4 Duflos, sc. beau ; in-4 Daret, sc. 1654 ; in-4 Daret sc., avec la guirlande, à   3 fr.

439 — In-fol. Daret sc. 1659. Epr. avant l. l., rare.   8 fr.

440 **Jean-Bapt.**, père solit. mort en Anjou en 1691 : in-8 Thomassin, sc.   1 fr. 50

441 **La Rivière** (Mich. Poncet de), év. d'Angers, puis archev. de Bourges. In-4. Paris, chez Petit.   2 fr.

442 **Le Pelletier** (Ch. Maur.), Parisien, abbé de St-Aubin d'Angers ; gr. in-fol. Moyreau sc. 1734.   4 fr. 50

443 **Le Pelletier** (Mich.), Parisien, abbé de Jouy, év. d'Angers en 1692 : gr. in-fol. P. van Schuppen fec. En abbé Beau. s. m.   12 fr.

444 — Gr. in-fol. En évêque. P. van Schuppen, sc. Magn. épr., rare, pet. m.   16 fr.

445 **Menage** (Guill.). Avocat du roi à Angers, 1569-1648. In-4 N. Poilly sculp. Très rare.   5 fr.

446-448 **Menage** (Gilles), né à Angers. Littér. 1613-92. In-4 Nanteuil, fec. ; in-4, avec le cartouche de Babel ; in-4 Desrochers, exc., à   2 fr.

449 **Naples** (René, roi de), né à Angers en 1498, mort à Aix en 1480. In-4 Aubert. sc.   2 fr.

450 **Ruel** (Claude de), év. d'Angers, de Bayonne, chan. de Chartres, archidiac. de Tours, 1575-1649. In-4 B. Montcornet, exc. rare.   3 fr.

451 **Ulger**, év. d'Angers : in-8 L. Massard, sc., col.   0 fr. 50

452 **Vaugirauld** (Jean de), év. d'Angers. In-4 Paris, chez Crépy. très rare.   3 fr.

Pour d'autres portraits relatifs à Angers voyez aussi les n°° 494, 741, 2427, 2799, 5148, 5265, 5455, 8711 (Béclard).

453* **Montault** (Ch.), év. d'Angers. Lettre pastor. imp. en 1803, 27 pp. in-4 dérel.   2 fr.

454 **BAUGÉ EN ANJOU. Meleun-Epinoy** (Anne de), chanoinesse de Mons, morte à Baugé, 1618-79 ; in-8 Mariette fec. Beau et fort rare.   12 fr.

455 **BEAUFORT. Estrées** (Gabrielle d'), duchesse de Beaufort, M^ise de Monceaux ; in-8 Walker sc.   3 fr.

456 **BOURMONT. Bourmont** (Maréch. de), né à B. 2 portr. in-4. gr. p. Nordheim, etc.   1 fr. 50

457 **CHATEAU-GONTIER. Bailleul** (Vic. de), Parisien. Mis de Château-Gontier, amb. en Savoie, mort 1652 ; in-fol. M. Lasne fec.   8 fr.

458 **DOUÉ. Savary** (Jac.), ant., né à Doué en 1622. Pet. in-fol. Edelinck sculp.   3 fr.

459 **FONTREVAULT. Habert** (la vén. sœur Françoise), relig. de Fontrev., du couv. de Hautes-Bruyères, 1586-1636 ; in-8 Cl. Mellan, fec. Rare, vendu jusquà 30 fr. d. l. ventes publ.   12 fr.

460 **Jeanne** (Absolu) dite de Ste-Sauveur, relig. de Hautes-Bruyères, 1576-1637 ; in-8 Charpignon scul. Très rare.   10 fr.

461 **Robert d'Arbrissel** (le bienh.), fond. de l'O. de Fontrev., mort à Orsan 1117 ; in-8 M. v. Lochon sc   2 fr. 50

462 — In-8 J. Seguenot fec., rare.   3 fr.

463 **Rochechouart** (Marie-Madel.-Gabrielle de Mortemart de). Abbesse, 1645-1704 ; gr. in-fol. Gantrel, sculp. Superbe épr., très rare.   30 fr.

464 — In-8. Impr. J. Chardon.   2 fr.

465 — In-8 Desrochers, sc.   3 fr.

466* **Mémoire** p. le sieur Goupy contre Julie-Sophie d'Antin, abbesse de Fontrev. 75 pp. in-4, dérel.   2 fr. 50

467 **LAVALLIÈRE. La Vallière** (Louise de la Baume le Blanc, duchesse de), née en Touraine. In-fol. à mi-corps, un bouquet à la main. Beau portr. du 18e siècle.   8 fr.

468 — In-4. à cheval, dir. v. dr., un sceptre à la main. T. V. Merlen. sc. Magn. ép. à t. m. De la plus grande rareté et nulle part cité.   100 fr.

469 **MONTREUIL-BELLAY. Moreau** (René), méd. à Paris, né à Montreuil-B. 1587-1656. in-4. M. Lasne fec. Rare.   3 fr. 50

470 **SAUMUR.** Pet. vue gr. en Allem. v. 1640.   1 fr. 50

471 **Bazile** (P.), de Neuil. Acte de courage pend. un incendie, 1802, in-4. Couché sc.   7 fr.

472 **Gautron** (la R. M. Madeleine), Prieure de la Fidel. de Saumur, 1610-76 ; in-8. Commeau sc., 1688 Rare.   5 fr.

473 **Mornay** (Phil. de), Seig. du Plessis-Marly, né à Buhy (Vexin), gouv. de Sau-

mur, surintend. de Navarre, 1549-1623.
In-8, lith. Delpech. 0 fr. 50
474-475 — In-4. Fessard sc. ; in-4, avec le
cart. de Babel, à 2 fr.
476 — In-8. Joli portr. holl., avec 6 vers p.
Brandt. 3 fr. 50
477 **Milleran** (René), de Saumur. Ling., in-8.
H. Gascar del., B. Fayat sc. *Rome*, 1695,
tiré en vert, de la plus gr. rareté. 4 fr.
478 **Richard** (R.), né à Saumur 1654, orat.,
prieur de Régny, chan. de St. Opport.
In-4, Desrochers. 2 fr.
479 **St-Yrier** (Elie de), abbé de St. Florent
de Saumur, év. d'Uzès. In-4, suite de Duchesne. 1 fr.
480* **Mysterivm** iniqvitatis sev historia Pa-
patvs, auctore Phil. Mornayo. *Salmvrii,
aprd Th. Porthacvm*, 1612, in-8, vél. Ouvr.
rare avec des chapitres intér. s. les papes
d'Avignon, les Franciscains, les Albigeois,
etc. 9 fr.

> Pour d'autres portraits relatifs à Saumur, voyez
> aussi les numéros 422, 1191, 4455, 5455, 5585,
> 5644, 5702.

Artois.

481 **Carte** de l'Artois, gr. in-fol. *Amsterdam,
Blaeu* (1580). 1 fr.
482 **AIRE.** Vraie représ. du siège de la ville
d'Aire en 1641. 2 grav. allem. de l'ép.,
in-fol. obl. 4 fr.
483 — **Le même siège.** Magn. estampe avec
descr., tirée d'un ouvr. holl., gr. in-fol.
On y remarque les noms suiv. : La Meilleraye, Coislin, La Ferté-Senectaire, Rambures, Brezé, Guiche, La Ferté-Imbault,
etc. 5 fr. 50
484 — Le siège de 1770. Gr in-fol. obl. Ebert
sculp. 2 fr.
485 **ARRAS.** Pet. vue curieuse, in-8 obl., gr.
p. Furck. 1600. 2 fr.
486-87 — Plan gr. p. Schenck. 1654, in-4
obl., gr. p. Fer 1694, in-fol. obl., à 0 fr. 50
488 — Siège d'Arras en 1640 ; grav. allem.
de l'ép., in-fol. obl. 1 fr. 50
489 — Le même siège. gr. p. Callot ; in-fol.
obl., en haut la vue de la ville. 2 fr.
490 — Vue d'Arras et le siège en 1640. Magn.
vue et plans, tirés d'un ouvr. holl. de
Blaeu, parfaitem. complets avec le titre et
la descr. En tout 5 ff. gr. in-fol., avec les
noms de Chaulnes, Roquelaure, La Meilleraye, etc. 5 fr.
491 **Baudouin** (F.), d'Arras. Jurisc. à Bourges, Heidelb., Angers, Besançon, 1520-73.
In-24, s. n. d. g. 1 fr.
492 **Bourgogne** (Max. de), abbé de St-Vaast
mort à Paris d'Arras 1660. In-4 Moncornet,
sc. 1 fr. 50

493 — Pet. in-fol. Boquet pinx., Th. van
Merlen sculp. Très rare. 6 fr.
494 **Chasse** (Dom Ant. de la), gr. Prieur de
St-Vaast d'Arras. In-fol. P. van Schuppen
ad viv. fec., 1681. Très beau. 12 fr.
495 **France** (Thierry I, roi de), enterré à St-
Vaast. In-4. Will sc., cart de Babel. 1 fr.
496 **Horne** (Ambroise, Comte de). Boxtel et
de Bassuy, gouv. d'Arras et de l'Artois,
(1640). Pet. in-fol. P. Pontius sculp. Magn.
épr. à l'adr. de Meyssens. 10 fr.
497 **Isembourg** (Ern. Comte d'), gouvern.
espag. d'Arras et de l'Artois, 1584-1664.
P. de Iode sculp., gr. marges. 4 fr. 50
498 — Même portr. Pet. m. 3 fr. 50
499 **Jussac** (Franç. de), Seign. de St-Preuil,
gouv. d'Arras. In-4. B. Montcornet exc.
2 fr.
500 **La Tour d'Auvergne-Lauraguais** (Monseigneur de), Card. év. d'Arras. In-8.
Taillard sc. ; in-8 Bayalos del. ; in-8 lithogr., à 0 fr. 50
501-502 **L'Ecluse** (Ch. de), botan., né à Arras,
Dr de Montpellier, 1526-1609. In-fol. N. de
L'Armessin sc., avec texte biogr. ; in-4,
portr. ital. avec biogr. 2 fr.
503 — In-24, s. n. d. g. 0 fr. 50
504 — In-4, gr. p. Th. de Bry vers 1590,
avec un fort beau cartouche ornem. de
jolis motifs de bijouterie. 4 fr.
505 **Le Bon** (Jos.), né à Arras, exéc. en 1796.
In-8 Bonneville sc. 1 fr.
506 **Longueval** (Charl. Bonav. de), Comte de
Buquoy, Baron de Vaux, né à Arras, tué
à Neuhäusel en 1621. In-4, buste ; au bas
la bat. de Prague. Rare. 5 fr.
507 — In-4. coll. Odieuvre. Sup. épr. avec
le cart. de Babel. 2 fr.
508 — In-fol. Sadeler sc. 1621. Sup. portr.
avec un bel entourage. Tr. rare. 8 fr.
509 **Maumont** (P. R. de), Limousin, Pontife.
S. l. n. d. Clément VI, abbé de Fécamp,
év. d'Arras, archev. de Rouen et de Sens,
mort à Avignon, 1352. In-8, s. n. d. g. (18e
siècle). 2 fr. 50
510 **Modius** (Fr.) de Bruges, chan. d'Arras,
mort à Aire en 1590. In-8, buste à dr., s.
n. d. g. (Hondius sc. ?) 3 fr.
511 **Moreau** (Et.), év. d'Arras, 1595-1670.
In-fol. Bernard pinx. Boulanger sc. ; beau.
12 fr.
512 — In-fol. L. Coquin sc., 1663. Très rare.
12 fr.
513-514 **Richardot** (Fr.), né à Merey près
Vesoul, Aug. prot. à Besançon, év. d'Arras, fondat. de l'Univ. de Douai, 1507-74.
In-8. J. Fran inc. Rare : in-4, s. n. d. g.,
avec 4 vers. à 3 fr.
515 — In-fol. De L'Armessin sc., avec texte
biogr. à 1 fr. 50
516-517 — In-4, texte au verso ; in-24. (Azelt
sc.), à 0 fr. 50

518 **Robespierre** (Max.), né en 1759 à Arras.
In-8. Portman sc. 1 fr. 50
519 **Rochechouart** (Guy de Sève de), abbé de
St-Michel, év. d'Arras en 1670. Mignard
p., P. van Schuppen sculp. 1679. Sup. épr.
15 fr.
520 — In-fol. comme abbé de St-Michel.
Lenfant sc. Pet. m. 4 fr.
521 **Vaillant** (J. L. V.), Garde des sceaux, né
à Arras en 1742. Pet. in-fol. Alix sc. 4 fr.
Voyez aussi numéros 1623, 2293.
522 **BÉTHUNE** Superbe vue gr. in-fol., avec
descr. Blaeu. 1640. 3 fr.
523-24 — Plan p. Schenck. In-4 obl., p. H.
van Loon 1695. In-fol. obl., à 0 fr. 50
525 — Siège de 1710. 3 pl. allem. du temps.
1 fr. 50
526-28 **COLLINES PRÈS D'ARRAS. — Gaguin**
(Rob.), hist. 1440-1502 ; in-8, s. n. d. g. ;
in-4 Thevet sc. ; in-4, Larmessin sc.
à 0 fr. 50
529 **ERAIN** (Artois). — **Trelcatius** (Luc)
Pater, théol. à Leyde. 1542-1602. In-4.
Hondius sc., beau. 3 fr.
530-31 — In-8, texte au verso.—In-12, s. n. d.
g. à 0 fr. 50
532 **HESDIN**. Vue de Hesdin et pl. du siège
en 1639. 2 sup. pl. gr. in-fol. avec descr.
(Blaeu), avec le nom de La Meilleraye. 4 fr.
533 — Sup. vue gr. in-fol. p. Hogenberg.
2 fr.
534 **Prévost d'Exiles** (Ant. Franç.), né à Hesdin, mort à St-Firmin près de Chantilly,
1697-1763. In-fol., des. p. Schmidt, gr. p.
Therese de Vaux. 3 fr.
535-37 — In-4, Desrochers fec. : Ficquet
scup. ; Ficquet sc. avec l'adr. d'Odieuvre.
à 2 fr.
538-540 — In-4, s. n. d. g., s. m. ; in-8. Maradan del. Soliman sc. à 1 fr.
541 **MONCHY. — Monchy** (Pierre de), prêtre
de l'Orat., 1610-86. In-fol., s. n. d. g., avec
les armes. Beau. 5 fr.
Voyez aussi numéros 1678, 6049.
542 **RENTY. — Renays** (Dame Anne de),
femme de Guill. de Croy, Marq. de Renty.
Beau portr. en pied, fort rare, s. n. d. g.
(17e siècle). 5 fr.
543 **SAINT-BERTIN**, près St-Omer. — **Chil-
déric III**, roi de France, renfermé dans le
monastère de St-Bertin en 750. In-4. De
L'Armessin sc. 1 fr. 50
544 **ST-OMER**. Pet. vue curieuse gr. p.
Furck en 1600. In-8 obl. 2 fr.
545 — Superbe vue, gr. in-fol. obl., gr. p.
Blaeu avec descript. 3 fr.
546 **France** (Christ. de), év. de St-Omer en
1634. In-4. P. de Iode sculp. Sup. épr.
exc. rare. 8 fr.
547 **Lucas** (Franç.), de Bruges, doyen de l'égl.
de St-Omer, 1549-1619. In-4. Buste à dr.
S. n. d. g. 3 fr. 50

548 — Même portr., s. m. 2 fr.
549 **Pamèle** (Jac. de), de Bruges, archidacre
de la cath. de St-Omer, 1536-87. In-4, beau
portr., avec 6 vers latins ; rare. 4 fr.
550 **Rithovius** (Bald.), év. d'Ypres, mort de
la peste à St-Omer, 1583 ; in-4, buste dir.
à g., avec 6 vers latins 2 fr.
551 **Valbelle de Tourves** (F.), Vte de Marseille, év. de St-Omer. Pet. in-fol., s. d. d.
g. (Cars). S. m. à g. 2 fr.
Voyez aussi numéros 4195, 5148.
552 **S-POL. — Louis de Luxembourg**, Comte
de St-Paul, décapité en 1475. In-4, Gaillard
sc., avec l'entour. de Babel. 2 fr.
553 **THÉROUENNE. —** Belle vue avec descr.
in-fol. 1 fr. 50
554 **Montalembert** (André de), Comte de
Tessé, gouv. de Thérouenne, mort 1553.
In-4. Suite d'Odieuvre. 2 fr.

Aunis.

555 **AIX** (Vue de l'île d') prise p. l. Anglais
en 1757. Pièce allem. fort rare. In-fol. obl.,
avec le bombardem. Au loin la ville de
La Rochelle. 6 fr.
556 **LA ROCHELLE**. « Roccella », pet. vue
exc. rare, gr. p. Vallegio 1572. 4 fr.
557 — Pet. vue curieuse gr. p. Furck, en
1600. 2 fr.
558 — Pet. vue gr. en Allem. v. 1640. 1 fr.
559 — Siège de 1627, grav. allem. du temps.
In-fol. obl. 3 fr.
560 — Siège et bataille de La Rochelle en
1573. Pl. fort rare, gr. p. Hogenberg, in-
fol. obl. 5 fr.
561 — Plan, p. de Fer, 1695, in-fol. obl. 1 fr.
562 — Le Port. Ozanne del. Le Gouaz sc.
1776, pet. in-fol. obl. 1 fr.
563 — 4 vues mod., lith. p. Villemin et As-
selineau, in-fol. Ensemble. 1 fr. 50
564 **Beaumier**, avocat du Roi à La Rochelle.
Portr. caricature, in-4, gr. en Holl. 2 fr.
565 **Destrapières**, méd., mort à La Rochelle
1787, très pet. portr. gr. p M. de la Serrie.
Rare. 3 fr.
566 **La Porte** (Amador de), gouv. de Saintonge et de La Rochelle. In-4 Montcornet sc. 2 fr.
567 **Laval** (Henri de) Bois Dauphin, év. de
St-Paul de Léon, puis de La Rochelle en
1661. In-fol. Lenfant, sc. 1660, superbe
épr. avant l. l., très rare. 15 fr.
568 **Réaumur** (F. de), né a La Rochelle. In-8,
grav. allem. vers 1830. 0 fr. 50
569 **Richard** (Elie) fils, Parisien, médecin à
La Rochelle, voyageur. In-fol., (gr. par
Picault), avec les armes. Rare. 10 fr.
570 **Venette** (N.), méd. à La Rochelle, act.
68. 1691, in-12. Lubin sc. Rare. 3 fr.

571 **Villecourt** (Clém. de), né à Lyon en 1787, vic. gén. de Meaux, év. de La Rochelle. In-fol. Lecler fec. 1828, lith. de Mauloux.   2 fr.

572 — In-8, lith. Guillet.   0 fr. 50
  Pour d'autres portraits relatifs à l'Aunis et à La Rochelle, voyez aussi les numéros 5622, 5769, 5673, 936, 4088, 2446, 2483, 5791.

573 **Réquisitoire** du 1er avoc., concern. le mandem. de l'év. de La Rochelle. 1788, in-8 dérel.   1 fr. 50

574 **Ré** (Plan de l'ile de). In-fol. obl. Inselin se.   1 fr.

575 — Plan de l'isle de Perié et de Rié, avec la Représentation de l'armée du Roy, 1622; gr. pièce gr. in-fol. de la plus gr. rareté, au bas la « Narration véritable de tout ce qui s'est passé de plus mémorable depvis le dovziesme avril... » A Paris, chez Nic. de Mathonière.   40 fr.

576 **Rochefort** (Plan de). p. de Fer. In-fol. obl.   1 fr.

577 — (Plan de). Gr. in-fol. obl. Paris, chez Longchamps.   4 fr.

Auvergne.

578 **Topographia Limaniae**, auct. Gabr. Simoeneo. Plan in-fol. Amst., Blaeu.   1 fr.

579 **Blanchefort** (Guy de). 41e gr. m. de Malte, gr. prieur d'Auv., mort 1513. In-fol., Cars sculp. Beau.   3 fr.

580 — In-fol., texte au verso.   0 fr. 50

581 **Calupan** (Saint), Solitaire de l'Auvergne. In-4 obl. Sadler, sc.   0 fr. 50

582 **Le Camus** (I. de), né à P. en 1710, intend. d'Auv. In-8, port. caric., gr. en Holl. 2 fr.

583 **Ruzé** (A.), marq. d'Effiat, Longjumeau et de Cinq-Mars, gouv. d'Auv., Nivern., Bourbonnais. In-4 Daret, sc.   3 fr.
  Voyez aussi les nos 852, 2203, 2899, 4552, 5256.

584 **AIGUEPERSE. L'Hôpital** (Michel), né à Aigueperse, chancel., sgr. de Vignay près d'Estampes 1505-73. In-24, pet. port. s. n. d. g.   0 fr. 50

585-86 — In-4, fig. ent. debout; in-4 Odieuvre, cart. de Babel, à   2 fr.

587 — In-fol. E. de Boulennois sc., avec texte.   1 fr.

588 — In-8 R. Boissard sc. Beau.   3 fr.

589 **AURILLAC. Contrastin** (P. P.). Vicaire de St-Roch, exilé à Aurillac sa patrie, en 1753. In-fol. Adeline sc. Très rare.   5 fr.

590-91 **CLERMONT-FERRAND. Bonal** (Pr. de), év. de Clermont, mort en 1800. In-8 Tailland sc.; lith. de Perrot, à   0 fr. 50

592 **Bonefons** (Jean) voi sa fin bone act xxx : né à Clermont, poète 1554-1614 ; in-8, Tu. de Leu, sc. 1590). Sup. épr., mais coupée à l'ovale, fort rare.   10 fr.

593 **Bouilland** (J. Fr.), sulpicien, vic. gén. de Clermont. 1738-1823. In-fol. Bonhomme, del. Lith. rare.   3 fr.

594-97 **Pascal** (Bl.) de Clermont, phys., 1623-62. In-12, buste s. un socle. Pitau sc. In-12, id., dir. à g. : in-12 Ailais, se., av. l. l. In-8 Sol. Lieutaud, sc., à   1 fr.

598 **Reynaud** (F. D. de), comte de Montlosier, né à Clermont en 1755, dép. de Riom. In-8, buste à dr. Joli port. gr. en 1789.   5 fr.

599 — In-8 Lefèvre, sc.   0 fr. 50

600 **Thomas** (A.), de l'Ac. fr., né à Clermont. In-4 (Cochin. sc.); belle ép., s. m.   2 fr.

601 **Valois** (L. Em. de), duc d'Angoulème, comte d'Auv., de Ponthieu, Lauragais, Alais, gouv. de Provence, ép. d'Henr. de Guiche, né à Clermont, 1596-1653. In-4 Cl. Mellan. se., avec le cart. de Babel.   2 fr.

602 — In-4, gr. p. Daret. Beau.   3 fr.

603 — In-4 J. de His. sculp. Non décrit et de la plus gr. rareté.   10 fr.

604 **Veny d'Arbouze** (Gilb. de), fils de Gilb. et de Madel. de Bayard, év. de Clermont. 1603-82. In-fol. P. Landry se. 1661. Magn. ép. de toute fraîcheur. Très rare.   15 fr.

605 **Savaron** (Jean), prés. lieut à Clermont. Traicté de la Sovveraineté dv Roy et de son Royaume. — Traicté de l'annuel et vénalité des offices. 2 plaq. pet. in-8. Paris, 1615, dérel. Rare.   4 fr.
  Pour d'autres portraits relatifs à Clermont, voyez les Nos 634, 4232, 1604, 4687, 4912, 4919, 5461.

606 **FONTANGES** (Cantal). **Fontanges** (Marie Angél. de Scoraille, duchesse de). In-4, de L'Armessin se. 1682, beau et rare.   5 fr.

607 — In-4 Fiquet, sc., avec l'adresse d'Odieuvre.   3 fr.

608-11 — In-4. Paris, chez Blaisot ; in-8 Ceroni se. ; in-8 Roger se. ; in-4 Gavard se., à   1 fr. 50

612 **HERMENT. Besse** (Pierre de), né à Meymont (Corrèze), doyen du chap. d'Herment, curé de Colombes, 1567-1639. In-8, L. Gaultier se. 1618. Reprod. moderne faite p. M. Ambr. Tardieu, historiogr. de l'Auvergne.   1 fr.
  Voyez p. l'original, nos 874 et 875 de mon 2e cat.

613 **LANGEAC. Agnès de Jésus**, dominicaine, morte à Langeac, 1602-34. In-8, pièce rare, s. n. d. g., non décrite.   4 fr.
La Tour d'Auvergne.
  Voyez nos 1374, 5172.

614 **MARCENAT** (Cantal). **Laurent** (Abbé F. X.), né à Marcenat, curé d'Hulliaux, év. const. de l'Allier, dép. du Bourb. en 1789, 1745-1822 ; in-12, pet. port. rare et non décrit, gr. en 1789.   3 fr. 50

615 **MERCŒUR. Vendôme** (Louis de), duc de Mercœur, parisien, gouv. de Provence. In-4. Paris, chez Daret, 1652.   3 fr.

616 **MONTFERRAND**. Le Gras de Vaubercy (Louise de Marillac, épouse de M.), seign. de Montferrand, fondat. des Sœurs grises, 1591-1660. In-fol., G. Du Change, sc. Magn. épr., très rare en cette qualité. 16 fr.

617 — In-4, G. D. C., sc. Sup. épr. avec le beau cart. de Babel. 4 fr.

618-19 **MONTPENSIER**. **Louis VIII**, roi de Fr., Parisien, mort à Montpensier 1226. In-4, Larmessin, sc. ; in-4, Piussio, sc. : à 1 fr. 50

620 **Orléans** (Anne-Marie d'), Duchesse de Montpensier, Souv. des Dombes, Princ. de la Roche-s.-Yon. Duch. de St-Fargeau, Chatellerault, Comtesse de Bar-s.-S., de Mortain. Parisienne, 1627-93. In-4, comme jeune fille, Moncornet sc., vers 1640, très rare. 4 fr.

621 — In-4, à l'âge de 15 ans, l'aslé, exc., Grenaille fec. ; ex. rare. 18 fr.

622 — In-4, Paris, chez Boissevin, vers 1660. 4 fr.

623-24 — In-4, Filhoul sc. : in-4, avec le cartouche de Babel : à 3 fr.

625-26 — In-4, Blaisot; in-4, lith. Delpech; à 0 fr. 50

627 **Montpensier** (Henri de Bourbon, duc de), mort en 1608, beau-père de Gaston d'Orléans. In-4, Paul de la Houve. exc. Beau, t. m. 12 fr.

628 — Le même portr., coupé à l'ovale. 3 fr.

629 **Bourbon** (Charles de), dit le Connétable de B., Comte de Montpensier. 1489-1527. In-8, Thom. de Leu sc. 8 fr.

630* **Lettre** de Mgr le Dvc de Longueville av Roy, 1615. Curieuse plaquette de 7 pp. pet. in-8, au sujet d'une tentative d'assassinat tramée p. le Maréch. d'Ancre. 3 fr.

631* **Manifeste** de Mme la Dvchesse de Longueville, 1650. 12 pp. in-4, n. r. 3 fr.

632* **La vie de Mme de Longueville**, p. Bourgeois de Villeforet. S. l., 1738. Pet. in-8. 3 fr.

Voyez aussi le N° 4359.

633 **MUROL**. Murol (I. de), év. de Geneve, né à Murol. In-4. grav. s. bois. 1 fr.

Pliergnes (P. de D.). Voyez N° 1374.

634 **ORCET** (P. d. D.). **Couthon** (G., né à Orcet, avoc. à Clermont, révol. à Lyon, 1756-94. In-8, Portman sc. 2 fr.

635 **PONTGIBAUD**. **La Bedoyère** (C. A. F. H. de), Parisien. Général, se réfugia à Pontgibaud, fusillé en 1815 : gr. in-4, Buste à dr., t. m., rare. 4 fr. 50

636-37 **RIOM**. **Feu** (Fr., né à Riom, g. vic. de Rouen, curé de St-Gervais à Paris. 1671-1761. In-8, Buste à dr., s. n. d. g. : in-8, Crépy sc. : à 2 fr.

638 — In-fol. Dess. et gr. p. Audran. Sup. épr. 10 fr.

639 — In-fol. Vue du tombeau de M. Feu. Le Canu sc., 1764. 3 fr.

640 **Sirmond** (I.), Jésuite, né à Riom, 1589-1651. In-fol., Lubin sc. 1 fr. 50

641 — In-fol., C. Vermeulen sc. Magn. épr. 5 fr.

642 **Soanen** (I.) de Riom, Orat., év. de Senez, exilé à la Chaise-Dieu, 1647-1740. In-12, (Mathey sc.). 0 fr. 50

643-44 — In-4, Balechou sc. : in-4, Tardieu sc., 1716, pet. m., à 2 fr.

644 *bis* — In-fol. Peint p. Raoux. S. n. d. g. Beau. 6 fr.

645 — In-fol., à mi-corps, entouré des titres de ses écrits. Rare. 4 fr.

646 — Gr. in-fol. Gr. p. J. Raoux. Beau. 8 fr.

647* — Lettre de Mgr l'év. de Senez, prisonnier de I. Car., à M. Gibert et Discours. 2 plaq. in-8, n. r. 1 fr. 50

648 **Tubeuf** (Jac. de), Parisien, trésor. de Fr. à Riom, 1607-70. In-4, B. Montcornet sc. Sup. épr. 3 fr.

Pour d'autres portr. rel. à Riom, voyez aussi les N°s 598, 1002, 3714.

649 **ST-FLOUR**. **Lombard-des-Evers** (Ant.). Presbyter Floropolis, 1721-80. In-fol., Duflos sc. 3 fr. 50

65 **Mostuejouls** (Raym. de). Prem. év. de St-Flour, puis de St-Papoul, mort en 1335. In-8. Buste à g., s. n. d. g. 2 fr.

651 **Ribeyre** (P. de), év. de St-Flour. In-4, grav. au trait. 0 fr. 50

652 **Ruffo** (A. M.) des comtes de Laric, év. de St-Flour, Cte de Brioude. né à Grenoble en 1746. In-4, Coll. Dejabin. 2 fr.

653 **Voisins** (H. Amable de), né à Brugairolles (Aude), év. de St-Flour, curé de St-Et.-du-Mont, 1765-1809. In-8, Sophie Massard sc. 4 fr.

654 — In-4. Dess. et gr. par Quenedey; très rare. 7 fr.

654 *bis* **ST-HILAIRE D'AYAT**. **Desaix** (I. C. A.). Général, 1768-1800. In-fol., en pied, gr. p. Lefèvre. 5 fr.

654 *ter* — Gr. in-fol., gr. par Mousaldi d'après Dutertre. Très rare. 28 fr.

655 **SAINT-NECTAIRE**. **Senneterre** (Henri de), Ambass. en Anglet., 1573-1662. In-4, Buste à dr. S. n. d. g. (Daret?). Rare. 5 fr.

656-657 **Senneterre** (Henri de), Marquis de la Ferté-Nabert, Paris., Gouv. de Metz, Verdun, Nancy, Moyenvic. 1599-1681. In-4, Larmessin sc. : in-4, P. Aubry sc. Rare, a 4 fr.

658 **La Ferté-Senneterre** (Louis de), Jésuite, né en 1659. In-4, gr. p. Desrochers. Sup. épr. 3 fr. 50

Voyez aussi N° 1746.

659 **THIERS**. Brugière (P.), Curé de Saint-Paul à Paris, né à Thiers, 1730-1803. In-8, Roy sc. Rare.　　　3 fr.

660 — In-4, S. n. d. g. Buste à g., s. m., bistre.　　　1 fr.

661 **TOURVE**. **Collange** (Gabr. de), né à Tourve vers 1524, Mathém.. massacré à la St-Barthél. In-4, portr. fort rare, gr. sur bois en 1561, texte au verso.　　　4 fr.

662 **USSON**. **Marguerite de France**, ép. de Henri IV, enfermée au château d'Usson. 1552-1615. In-12, act. 52, pet. grav. fort rare.　　　5 fr.

663 — In-4, B. Montcornet exc., Superb. épr.　　　3 fr.

664 — In-4, Fessard sc.　　　2 fr.

665-66 — In-4, Roger sc. ; Hopwood sc. ; à　　　1 fr.

667-68 — In-4, lith. de Delpech ; lith. de Motte ; à　　　0 fr. 50

Béarn.

669 **Lot** de 5 pièces, cont. une carte du Béarn p. Blaeu (1580), 2 pet. c. par Chanlaire et Le Jeune. 1 vue de la Bidassoa et 1 portr. de M. Salles, préfet.　　　2 fr. 50

670 **GRAMMONT**. **Gramont** (Ant. de), Maréch. de Fr., 1604-78. In-4. P. Aubry sc. Rare.　　　4 fr.

　　Lescar, voyez numéro 2825. — Navarre, voyez numéros 473, 480, 677, 4394. — Oléron, voyez numéro 5769. — St-Jean-de-Luz, voyez numéro 1677.

671 **PAU**. **Bernadotte** (J. B.), né à Pau, gén., roi de Suède, 1764-1844. In-8. Portman. sc.　　　2 fr.

672 — In-4. Bonneville sc.　　　1 fr.

673 — In-fol. Hilaire le Dru del, Lefèvre sc.; en pied.　　　4 fr.

674 — In-fol. Dess. p. Guérin, gr. p. Fiesinger. Magn. épr. à t. m., le meilleur portr. de Bernadotte.　　　7 fr. 50

675 — Gr. in-fol., fig. ent. gr. par Charon, d'apr. Martinet, t. m. Beau.　　　10 fr.

676 **Gassion** (J. de), Maréc. de Fr., né à Pau, gén. Suédois 1609-47. In-4. Bonnet, sc., avec le cart. de Babel.　　　2 fr.

677 **Chevalier** (Nic.), Surintendant de Nav. et de Béarn, Prés. à la Cour des Aides. In-fol. Agé de 58 ans. Michel Lasne fec. 1621. Très rare.　　　8 fr.

678 **Marca** (Pierre de), né à Gant. Prés. du Parlem. de Pau, ev. de Couserans, archev. de Toulouse et de Paris. 1594-1662. In-fol. Van Loo pinx., Van Schuppen sc. 1663. Beau.　　　8 fr.

679 — In-fol. Bernigeroth sc. Rare. 4 fr. 50

680 — In-fol. Edelinck sculp. Mag. première épr. s. papier fort.　　　5 fr.

681 — Le même portr., seconde ép.　　　2 fr.

682 — In-fol., G. Rousselet sc.; pet. m., ép. avant l. l.　　　5 fr.

683 **Bourbon** (Ant. de), roi de Navarre, né à La Fère en Pic., 1518-62. In-8. (Thom. de Leu, sc.).　　　8 fr.

684 **Albret** (Jeanne d'). épouse du préc., mariée à Moulins, 1532-72. In-8. Thom. de Leu, sc. 1597. Rare.　　　10 fr.

685 **Henri IV**, roi de France, né à Pau, 1553-1610 In-8, gr. p. Cathelin d'ap. Cochin. 1779.　　　2 fr.

686 — In-8, fort joli portr., avec anagr. et ornem., gr. d. l. genre de Fornazeris en 1595, très rare.　　　15 fr.

687 — In-8. « Voy. le portraict au vif de Henry Quatriesme » J. Buchseumacher, exc.　　　9 fr.

688 — In-8, port. sembl., d. l. genre de L. Gaultier.　　　7 fr.

689 — In-8. « De bon roy bon hevr ». Crisp. de Passe sc. 1596.　　　10 fr.

690 — In-4. Francesco Vallegio fec. 1597. Rare.　　　8 fr.

691 — In-4, avec 40 vers allem. au-dessous du portr. « Anno 1595 », (gr. p. Hogenberg).　　　8 fr.

692 — In-4. Marillier inv., Duhamel, sc. Sup. épr. avant le numéro.　　　4 fr.

693 — In-fol. Morin sculp. Magn. épr.　　　10 fr.

694 **Navarre** (Jeanne de), m. à Vincennes en 1304. Petit in-fol. Sergent, sc., en couleurs, 1788, avec une scène historique : Jeanne de Navarre faisant le Comte de Bar prisonnier. 2 pl., sup. épr. en couleurs. Ensemble.　　　12 fr.

695* **Arrests** dv Parlement de Béarn povr se venir conjouir de l'heureux mariage du Roy auec la Princesse d'Espagne. Paris, Moreau, 1615, 8 pp. pet. in-8, dérel.　　　3 fr.

Berry.

696 **Carte** du Berry, gr. in-fol. obl. Amst. Blaeu (1580).　　　1 fr. 50

697 **Perussault** (Silv.), jésuite et conf. du Roi, né en Berry, 1679-1753. In-fol., p. Beauvarlet, sc. Rare.　　　6 fr.

698 **AIS D'ANGILLON**. **Bouthillier-Chavigny** (Ch. L Marquis de). dép. du Berry en 1789, mort à Sillières (Seine-Inf.), 1743-1818. In-4. Voyez, sc.　　　2 fr.

699 **AUBIGNY**. **Jumel** (Maur. de), Docteur de droit à Paris. curé d'Aubigny. Gr. in-fol. Gautrel, exc. Beau et rare. 14 fr.

700 **BOURGES**. Pet. vue in-8 obl., gr. p. Fr. Vallegio vers 1572.　　　3 fr. 50

701 — Autre vue in-8 obl., gr. p. Furck
vers 1600. 2 fr. 50
702 — Pet. vue gr. en Allem. vers 1640.
 1 fr.
703 — Attaque des Huguenots sur Bourges
en 1569. In-fol. obl. Estampe du temps.
gr. p. Hogenberg. 5 fr.
704 **Alciat** (A.), Jurisc., prof à Avignon et
à Bourges. 1492-1550. In-fol. Larmessin,
sc., avec texte biogr. 2 ff. 2 fr.
705 **Boquin** (P.), né à Bourges, prof. à Heidelb.,
mort en 1582. In-8. (Cr. de Passe, sc.).
Rare. 3 fr. 50
706-710 **Bourdaloue** (L.), né à Bourges, jésuite, miss. d. l. Languedoc. 1632-1704.
In-8 St-Aubin, fec. : Nargeot, sc. : Tardieu, esc.: Hardivillier ; Hopwood, sc.
à 0 fr. 50
711 **Catherinot** (Nic.). Conseiller à Bourges,
né au chât. de Lusson, 1628-88. In-8, Gantrel. sc. 1680. magn. épr. de la pl. gr.
rareté. 6 fr
712 **Chanac** (Bertr. de), év. du Puy, archev.
de Bourges, mort à Avignon 1404 ; in-4.
Coll. Duchesne. 1 fr.
713 **Colonna** (Gilles de). August., archev. de
Bourges, prof. à Paris, mort à Avignon
1316 : in-4, Emert, sc. Monach. Rare. 3 fr.
714 — In-8. S. n. d. g. In-4. Thevet, sc.
à 0 fr. 50
715 **Du Pont** (J. M. A.), év. de St-Dié, archev.
d'Avignon, de Bourges, né en 1793. In-4,
lith. p. Guillet s. chine, avec 1 portr. en
bois. 2 fr.
716 **France** (Louis XI, roi de), né à Bourges
en 1423, mort à Tours en 1483. In-8, (Woe-
riot sc.). 2 fr.
717-18 — In-4. Pinssio sc.; L'Armessin sc.
à 1 fr. 50
719 **France** (Charles VII, roi de). le roi de
Bourges, né à Mehun-s.-Yeuvre. 1402-61.
In-8. De Marcenay sc., beau 4 fr.
720-21 — In-8. Baquoy sc.; in-4. Pinssio sc.
 1 fr.
722 **Fremiot** (A.), archev. de Bourges, né à
Dijon, 1573-1641. In-4, B. Montcornet sc.
 2 fr. 50
723 **Geuderus** (Phil.), Sénat. à Nuremb., Dr
de droit à Bourges. In-24. S. n. d. g. 0 fr. 50
724 **Gros** (Pierre de). Bén., év. de St-Papoul.
archev. de Bourges, d'Arles. In-4. Coll.
Duchesne. 1 fr.
725 **Hardivillier** (P. de), archev. de Bourges
en 1646, rect. de l'Univ. de Paris In-8,
Aurea Billette sc. Déchir 0 fr. 50
726 — In-fol. M. Lasne sc. Ep. fort rare avant
l'inscr. d. l'ovale. pet. m. 8 fr.
727 — Le même portr. Belle épr. avec l'inscr.
d. l'ovale, s. m. 3 fr.
728-29 **Junius** (Fr.), Dujon, ministre protest.,

né à Bourges, 1545-1602. In-24, s. n. d. g.:
in-8, texte au verso, à 0 fr. 50
730 — In-8, buste à dr. S. n. d. g. (Boissard).
 2 fr.
731 **La Rochefoucauld** (Fr. Jér. de Roye de),
abbé de St-Romain-de-Blaye, de Beauport,
prieur de Lanville (pr. Angoul.), de Bou-
nes-Nouvelles à Rouen, archev. de Bourges en 1729. In-4. Paris, chez Crépy. Epr.
fort rare avant l'inscr d. l. tablette. 4 fr.
732 **La Tour** (Abbé de), curé de St-Thom.-
d'Aquin, vic.-gén. de Bourges. In-4. portr.
très fin et rare, s. n. d. g., gr. au pointillé.
 4 fr.
733 **Maugis** (Cl.). Aumôn. de Louis XIII,
abbé de St-Ambroise de Bourges en 1630.
In-4. Vorstermann sc. 3 fr. 50
734 **Montpezat de Carbon** (J. de), év. de St-
Papoul, archev. de Bourges en 1644, de
Toulouse, de Sens. In-fol. Grignon sc.,
1671. Très rare. 15 fr.
735 **Olevianus** (Gasp.). Théol., Dr de Bourges, in-4, s. n. d. g. 1 fr.
736 **Pinsson** (Fr.), né à Bourges. avoc. au
Parlem. de Paris, 1612-91. In-fol. P. van
Schuppen sc. 1680. Sup. épr. 7 fr.
737 **Potier de Gesvres** (Léon card.), abbé de
Bernay, archev. de Bourges, 1656-1744.
In-8. portr. allem. 1 fr. 50
738-39 — In-4. Rubeis sc.; gr. in-4. Kolb
sc., avec texte biogr., à 3 fr.
740 — Gr. in-fol. Picart sc., 1672. Déchir.
à dr. 2 fr.
741 **Rabache** (Et.), Augustin à Bourges, mort
à Angers en 1616. In-fol. Fr. Courde sc.
Excess. rare avec la sign. de Mariette.
 10 fr.
742 **Ventadour** (Anne de Levis-) Archev. de
Bourges, gouv. du Limousin. In-fol. Cl.
Mellan sc. Belle épr. avant la l. 8 fr.
743 **Zuichemins** (Vig.), Juriscons. à Bourges,
chan. à Gand, 1507-70. In-fol. Buste s.
un socle. 2 fr. 50
744 — In-fol. Buste à dr. Beau portr. avant
la l. 3 fr. 50
Pour d'autres portraits relatifs à Bourges, voyez
les Nos 444, 491, 510, 737, 842, 1075, 2797,
4411, 5047, 5150, 5265, 3687 (Sigand).
Busançais. Voyez N° 4527.

745 **CHATEAUROUX**. **Bertrand** (H Grat.
Cte), général, né à Châteauroux, 1773-1844.
In-8, Geoffroy sc., s. chine. 1 fr.
746 — In-fol. Mecou sc. Sup. épr. avant
l. l. 2 fr. 50
747 — Gr. in-fol. Curieuse image populaire.
 1 fr. 50
748 — Gr. in-fol. gr. p. Charon. Sup. épr.
à t. m. 10 fr.
749-51 **Condé** (Louis de Bourbon dit le Gr.),
duc d'Enghien, de Châteauroux, Montmorency, Albret, Fronsac, Gouv. du Berry et

de Guyenne. In-4, Montcornet sc.; in-4, Aubry sc.; in-4. portr. holl., à 2 fr.

752 — In-fol. Michel Lasne sc. Sup. épr. Exc. rare, tr. pet. m., avant l. l. 8 fr.

753 — In-fol. Lubin sc. Sup. épr. s. papier fort. 4 fr.

754 — In-4 « Bataille de Rocroy 1643 ». Curieuse eau-forte; au premier plan le Prince de Condé poursuivant le gén. de Melo, au fond la ville de Rocroy. Excess. rare. 20 fr.

755 **Eudes de Châteauroux**, né à Ch., chan. de Paris, mort 1273. In-8, S. n. d. g. (18e siècle). 2 fr.

756 — In-4, coll. Duchesne. 0 fr. 50

757 **ISSOUDUN. Berthier** (G. Fr.), né à Issoudun, mort à Bourges. Jésuite, 1704-82. In-8, Magd. Th. Rousselet sc. Rare. 3 fr.

758 **LA CHATRE. La Chastre** (Marie de), épouse de Guill. de Laubespine, baron de Chateauneuf, morte en 1626. In-4, Daret sc. Rare. 4 fr.

759 **ST-AIGNAN. Mascarade** chinoise faite à Rome le Carnaval 1735, par les Pension. du Roy de France, dédiée au Duc de St-Aignan. Eau-forte rare, par Pierre, in-fol. obl. 15 fr.

760 **ST-AMAND. Raoul-Rochette** (Dés.), Bibl. royal, né à St-Amand en 1790. In-4, Boilly, lith. 1 fr.

761 — Gr. in-fol. Calamatta sc., 1853, Sup. épr 5 fr.

St-Cyran. Voyez Nos 2384, 2389.

762 **VALENÇAY. Estampes** (Jac. d'), Maréch. de la Ferté-Imbaud, Sgr de Valençay, mort au chât. de Mauny près Rouen, 1590-1668. In-fol. J. Frosne, sculp. Très rare. Épr. avant l. l. 20 fr.

763 **Estampes** (Mise d'). « Madame la Mise d'Estampes sous l'emblème de la vertu remet son fils entre les mains de Mars. » Grav. allégor. de la plus gr. rareté, avec le portr. de la Marquise et de son fils. Dess. p. Barbier en 1778, gr. p. Godefroy. 25 fr.

Bourbonnais.

764 **Carte** du Bourbonnais par Blaeu vers 1580, gr. in-fol. obl. 1 fr. 50
Voyez aussi les n° 583, 4552.

765 **MOULINS. Durand** (A.), littérat. à Moulins. In-fol. Lith. de Gigoux avant l. l., rare. 3 fr.

766 **Ligendes** (P. de), Jésuite, né à Moulins. In-4 Nargeot, sc., beau. 2 fr. 50
Voyez aussi les n° 614, 684, 4204, 4325, 4635, 6443, 4232. Cat. iii, 352.

767 **ST-POURÇAIN. Vigenère** (Blaise de), Traducteur bourbonnais, âgé de 73 ans en 1595; in-8 Thom. de Leu fec., avec texte. 2 fr.

Bourgogne.

768 **Carte** de la Bourgogne, p. Blaeu (1580); gr. in-fol. 1 fr. 50

769 **Beaulieu** (Frère Jac. de), Bourguignon, « opérateur fameux et gratis de la pierre. » In-8, gr. p. Smith. 2 fr.

770 — In-fol. à mi-corps, un couteau à la main. P. V. d. Berge, sc. Eau-forte rare. 8 fr.

771 — In-fol. « Ici ce charitable père fait l'opération sur un malade de la pierre. » 2 eaux-fortes très curieuses et fort rares, gr. p. V. d. Berge. 7 fr. 50

772 **Biron** (Charles de Gontaut duc de), Gouv. de Bourgogne et de Bresse, 1561-1602. In-8, Thom. de Leu, sculp. 12 fr.

773 — Le supplice du Maréchal de Biron. Gr. grav. in-fol. obl., s. n. d. g. Rare. 16 fr.

774 **Le Brun** (Cl.), avocat de Beaujolais, âgé de 57 ans 1617. In-4, avec 4 vers, rare. 5 fr.

775 **Rodenbourg** (Théod. de), gentilhomme bourguignon. In-8. Portr. très rare et non décrit, dans la manière des Wierix. 15 fr.
Pour d'autres portraits de Bourguignons, voyez aussi n° 492, 2263, 2249, 4560, 5622.

776 **AUTUN. Alacoque** (M. Marie), née près d'Autun, relig. à Paray le Monial (Charolais). In-4. Paris, chez Crépy. rare. 3 fr.

777 **Barrière** (P. de), né près de Rodez, év. d'Autun, mort à Avignon 1383. In-4. Coll. Duchesne. 1 fr.

778 **Castille** (H. de), abbé de St-Martin d'Autun et de Ste-Marie d'Auxerre, mort 1670. Gr. in-fol. Boulanger fec. Beau et rare. 15 fr.

779-80 **Genlis** (Stéph. Félic. du Crest Mise de Sillery, Comtesse de), née à Champcery près d'Autun en 1746. In-8, Devéria sc., épr. avant l. l. sur chine; Wachsmann sc., à 2 fr.

781 — In-4, Miris, p. Copia sc. Charm. portr. 3 fr.

782 — Le même portr. Magn. épr. à t. m., de toute fraîcheur. 6 fr.

783 **Germain** (Saint), év. de Paris, né à Autun, 496-576 In-12. S. n. d. g. (17e siècle). 2 fr.

784 **Gillet** (L.) de Ste-Menehould, Maréch. des logis, sauva la vie à une jeune fille près d'Autun. In-4, Dupin sc. Beau. 4 fr. 50

785 — In-fol. Gr. p. Voysard d'apr. Borel. Sup. épr. à t. m. 7 fr. 50

786 — In-fol. Belle grav. reprl̃s. la jeune fille attachée à un arbre, délivrée par Gillet. Même graveur. Sup. épr.   10 fr.

787 **Jeannin** (P.). Min. d'Etat, avoc. au Parlem. de Dijon, né à Autun, 1540-1622. In-8, Hondius sc. 160×.   3 fr.

788 — In-12. S. n. d. g. (Hondius).   1 fr.

789 — In-4, Tardieu sc., avec le beau cartouche de Babel.   2 fr.

790 — In-fol. Swanenburg, sc., d'apr. Miereveld. Magn. épr. Tr. rare.   8 fr.

791 **Leodegar** (St.), év. d'Autun, origin. des Landes. In-8. Gr. p. Balechou à Avign.   1 fr. 50

792 **Montholon** (Guill. Card. de), Seign. de Montholon près d'Autun. In-4. Coll. Duchesne.   1 fr.

793-94 **Roquette** (Gab. de), né à Paris, év. d'Autun, 1622-1707. In-8, 2 lithogr. s. n. d. g., à   0 fr. 50

795 — In-fol. Chasteau, sc. Rare.   10 fr.

796 **Vichy** (Cte de), év. d'Autun : in-fol. Dreigne, fec. Lith. rare.   2 fr. 50

Voyez aussi les nᵒˢ 4496, 5733.

797-98 **AUXERRE.** Blondel (P.), Chanc. de l'Univ. de Paris, curé de St-Et.-du-Mont, mort à Auxerre en 1749. In-8. (Desrochers sc.) : in-8. (Crépy sc.). à   2 fr.

799 — Pet. in-fol., buste à g., s. n. d. g. Belle ép. avant l'inscr. de la tablette.   3 fr. 50

800-802 **Caylus** (D. Ch. G. de Pestel, de Levis, de Tubières de), Parisien, év. d'Auxerre, 1669-1754. In-12, pet. buste sur un socle ; in-8. Paris, chez Luillier ; in-4. Paris, chez Daumont, à   2 fr.

803-805 — In-8, gr p. Gaucher 1766 ; pet. in-fol. Paris, chez Regnault ; même portr. avant l'adr., à   3 fr.

806 — In-fol., à mi-corps, entouré de ses ouvrages. Rare. pet. m.   4 fr. 50

807 — Gr. in-fol. Fontaine pinx., Schmidt sculp. Sup. épr. de ce beau portr.   16 fr.

808 — Réunion de 4 p., Remontrances, etc., par ou contre Monseigneur de Caylus, 1734-36. In-4, ensemble.   3 fr. 50

809 **Colbert** (André), év. d'Auxerre en 1677, gr. in-fol. Gantrel sc. Sup. épr., rare, s. m.   9 fr.

810 **Du Hamel** (Rob. I. Alex.), prêtre parisien, mort à Auxerre en 1760, auteur d. lettres flam. In-8. Tardieu sc.   2 fr.

811 — Le même portr. Epr. avant t. l., très rare.   3 fr. 50

812 **France** (Raoul, roi de), mort à Auxerre 936. In-4, Aveline sc.   1 fr. 50

813 **Le Beuf** (J.), chan. hon. d'Auxerre, 1647-1760. In-4 Odieuvre.   2 fr.

814 **Le Roy** (L. G.), chan. d'Auxerre, né à Magny pr. Pontoise, 1708-78. In-8, gr. p. Tardieu. Rare.   4 fr.

815 **Lisignes** (Erard de), év. d'Auxerre. In-4. Suite Duchesne.   1 fr.

816 **Paultre des Epinettes** (Louis), né en 1747 à Gien, dép. d'Auxerre en 1789. In-4. Allais sc. Sup. épr. à t. m.   4 fr.

817 **Radix** (J. L.), abbé de La Prée, pr. Auxerre. In-4, gr. p. Demarteau, 1781, s. m.   1 fr. 50

818 **Salomon** (Cl.), curé de St-Regnobert à Aux., 1710-88. In-8. Le Grand sc.   2 fr.

819 **Talleyrand de Périgord** (Elie de), abbé de la Chancelade, év. d'Auxerre, mort à Avignon en 1374. In-8, s. n. d. g. (18e siècle).   2 fr. 50

820 — In-4. Suite Duchesne.   1 fr.

Pour d'autres portraits relatifs à Auxerre, voyez aussi les numéros 778, 822, 1244, 2797, 5452, 5665.

821 **BAR-S.-S.** Plan et vue du chât. de Baluot près de Bar-s.-S. In-fol. obl. Belle aquarelle du 18e siècle, avec un joli entour. p. Randon.   8 fr.

822 **Bois-Clairs** (Tanneguy Regnault des), Seigneur de Villemague, St-Quentin, gr. Prévôt de Bourgogne, Bresse, Charolois, Mâcon, Auxerre, Bar-s.-S., etc. In-8, charm. portr. gr. p. Balth. Montcornet. Sup. épr. Rare.   10 fr.

823 **BEAUNE.** Marguerite du St-Sacrement, Carmélite à Beaune, 1620-48. In-4, à genoux, un enfant sur le bras. Stella inv., Le Doyen sc. Sup. épr., rare.   7 fr.

824 **BELLEY.** Brillat-Savarin, né à Belley, 1725-1826. In-4. Passot sc.   1 fr.

825-26 **Camus de Pontcarré** (J. Pierre), Parisien, év. de Belley, 1584-1652. In-24, s. n. d. g. In-8. (M. Lasne sc.) à   0 fr. 50

827-28 — In-4. Mellan sc. (Odieuvre). In-fol. Lubin sc. à   2 fr.

829 — Pet. in-fol. Cl. Mellan sc.   3 fr.

830 — In-fol. Buste à dr. (Habert sc.), beau.   4 fr. 50

831 — « L'antimoine bien préparé, ov défense dv livre de l'év. de Belley, intitulé le Directevr désintéressé », par B. C. O. D. 1622. In-8, 24 pp., dérel.   3 fr.

832 **Du Laurens** (P.), abbé de Cluny, év. de de Belley, 1613-1705. In-fol. G. Vallet, sc., beau.   9 fr.

833 **Du Puy** (L.), littér., né à Belley. In-4 Dupin, sc. Sup. épr.   4 fr.

834 **BOURG-EN-BRESSE** (Vue gén. de). Née, sc. In-fol. obl.   1 fr. 50

835 **Demia** (Ch.), né à Bourg, pronot. de l'archév. de Lyon, 1636-89. In-fol. Bouchet, sc., rare, pet. m.   6 fr.

836 **Goujon** (J. M. Cl. A.) de Bourg, convent. 1765-95. In-4, peint p. Isabey, gr. p. Bonneville, très rare.   3 fr.

837-38 **Lefèvre** (Ant.) Faber, né à Bourg, prés. au Parlem. de Chambéry, 1557-1624.

In-fol. de L'Armessin sc., avec biogr. ;
in-4, port. ital. avec biogr. à 2 fr.
839-40 **BUSSY-LE-GRAND**. Junot (And.), duc
d'Abrantès, 1771-1813. In-8, Lefèvre sc.,
ép. avant l. l. ; in-4 Forestier, sc., à 1 fr. 50
841 **CHALON-S.-SAONE**. Pet. vue rare, in-8
obl. (F. Vallegio sc., vers 1572). 3 fr.
842-43 **Doneau** (Hug.), né à Châlons, doct. à
Toulouse, Orléans, Bourges, prof. à Heidelb.
1526-91. In-8, s. n. d. g., texte au v. ; in-24
(Azelt. sc.), à 0 fr. 50
844 — In-4, port. ital., avec biogr. 1 fr. 50
845 — In-8, Crispin de Passe sc., beau et
rare. 7 fr.
846 **Givry** (Dolivot de), né à Châlons en 1778.
In-fol. à mi-corps, au bas une maison. Lith.
Perrot. 3 fr.
847 **Maupeou** (J. de), év. de Châlons, 1623-77,
gr. in-fol. Nanteuil sc. 1671. Belle épr., s.
m. 7 fr.
848 **Vivant-Denon** (B.), né à Châlons, numismate ; gr. in-fol. Lith. de Mauzaisse, rare.
3 fr. 50
849 — In-fol. C. Guérin fec. 1810, beau.
4 fr.

Voyez aussi le n° 4738.

850 **CHASTELLUX**. Beauvoir (G. de), Sire de
Chastellux, amiral en 1420. In-4, Montcornet sc., rare. 4 fr.
851 **CHATILLON**. Lenet (H.), abbé de Ste-
Marie de Châtillon. Pet. in-fol., Gantrel sc.
1697. Rare mais s. m. 3 fr.
852 **AUNY**. St-Pierre-Maurice, bénéd., né en
Auvergne, abbé de Cluny ; in-12 Ehinger,
sc. 2 fr.
853 **Simon**, relig. de Cluny, card., mort 1296.
In-4. Coll. Duchesne. 1 fr.
Voyez aussi les n°° 832, 4644.
854 **DIJON**. Pet. vue gr. en Allem. v. 1640.
1 fr.

855-857 **Bernard** (Claude) le « pauvre prêtre »,
né à Dijon, 1588-1641. In-12, Mariette exc. ;
in-12 Desrochers, exc. (M. Lasne) ; in-4 Daumont, sc. à 2 fr.
858 — In-8. Jasp. Isaac, sc. 3 fr.
859 — In-4. Beau port. rare, gr. par Roussel,
entouré de scènes de sa vie. 6 fr.
860 — In-fol. obl. La mort de Bernard. Curieuse et rare grav. par H. D. (David). 10 fr.
861 **Bouhier** (Jean), premier év. de Dijon,
mort en 1731. In-fol., Petit sc. Sup. ép.
avant l'inscr. de l. tabl. 6 fr.
862 **Bouhier** (Claude), second év. de Dijon,
mort en 1755. In-fol. Petit, sc. Sup. épr.
6 fr.
863-64 **Bourgogne** (Charles le Hardi, duc de),
né à Dijon en 1433, tué devant Nancy en
1474. In-4, Pinssio sc. ; in-4, Montcornet
sc., sup. épr. avant les armes : à 2 fr.
865 — In-4, Bertonnier sc. 0 fr. 50

866-67 **Bourgogne** (Marie de), 1457-82. In-8,
J. P. sc. ; in-4, Montcornet sc. ; in-4,
Pinssio sc., à 2 fr.
868 **Crébillon Père** (Pr. de), né à Dijon, de
l'Ac. fr., 1674-1762. In-fol., St-Aubin sc.,
beau. 5 fr.
869 **Fyot** (Cl.), dernier abbé de St-Etienne de
Dijon, 1630-1721. In-fol., Petit sc., beau.
4 fr. 50
870 **Joly** (Bén.), chan. de St-Etienne de
Dijon. 1644-94. In-4, Bazin sc. 3 fr.
871 **La Borde** (H. F., Comte de), gén., né à
Dijon en 1764. In-8, (Velyn sc.), en coul.
2 fr.
872-73 **Languet de Gergy** (J. B. J.), curé de
St-Sulpice, abbé de Bernay, né à Dijon,
1675-1750. Son tombeau. In-8, Pessard
sc. ; in-8, au trait, à 0 fr. 50
874-879 — In-8, Desrochers sc., Crépy sc.,
Petit sc. ; in-4, Chereau sc., s. m. ; in-fol.,
Chereau sc. 1719, in-fol., gr. p. Q., à 2 fr.
880 — In-4, Chercau sc., beau. 3 fr. 50
881 — In-4, gr. p. St-Aubin, beau. 4 fr. 50
882 **Larcher** (Nic.), abbé de Citeaux, né en
Bourgogne (Dijon), 1672-1712, gr. in-fol.,
Bazin sc., 1693, s. m. 2 fr.
883 — Gr. in-fol., H. Jaus sculp. Belle épr.,
rare. 10 fr.
884 **Le Goux de Gertans** (B.), de Dijon, auteur. In-fol., De Marcenay sc., beau. 5 fr. 50
885 **Marguerite de St-Xavier** (la vén. M.),
Ursuline à Dijon, morte en 1647. In-4,
Boulanger fec. Très rare. 8 fr.
886 **Maleteste** (J.-L. Marquis de), né à Dijon
en 1709. In-8, St-Aubin, sc. Rare. 4 fr.
887 **Mille** (A. E.), avoc. au Parlem., né à
Dijon, 1735-92. In-8, gr. p. Letellier, rare.
5 fr.
888 **Papillon** (Phil.), chan. de la Chapelle
aux Riches de Dijon, 1666-1738. In-fol.,
Petit fec. Sup. épr. 6 fr.
889 **Petit** (Cl.), abbé de la Ferté (Citeaux), né
à Dijon, 1623-1700, gr. in-fol., Ambr. Hin-
dryck fec. 1700, manière noire. De la plus
grande rareté. 15 fr.
890 **Piron** (Alex.), né à Dijon, 1689-1773.
In-16, N. de Launay sc. 1 fr. 50
891 **Rameau** (J. Ph.), né à Dijon, 1683-1764.
In-4, gr. p. St-Aubin. 2 fr.
892-894 — In-4, Delatre sc., beau ; in-4,
Sturm sc. Nuremb. rare ; in-fol., Benoist
sc., à 3 fr.
895 **Sigault** (J. R.), médecin, né à Dijon.
In-8. Letellier sc., tache d'huile en h.
2 fr. 50
896 **Vaussin** (Cl.), abbé de Citeaux, mort à
Dijon, 1607-70, gr. in-fol., Larmessin sc.
1667. Sup. épr. s. m. ; rare. 9 fr.
897 **Relation** de ce qvi s'est passé pendant
le seiovr dv Roy à Dijon et depvis ivsqv'au
8 avril 1631. S. l. 1621 32 pp. pet. in-8,

dérel. Plaquette rare.   5 fr.
Pour d'autres portraits relatifs à Dijon, voyez les numéros 722, 787, 1177, 1236, 1560, 2360, 3803, 4059, 4333, 4441, 4552, 4636, 5150, 5666, 6143.

898 DOMBES (la Souveraineté de). Carte in-fol. obl. Blaeu. 1580.   1 fr. 50
Voyez aussi numéro 618.

FLAVIGNY. — Voyez numéro 4222.

899 GEX. Bouvet, dép. de l'Ain. In-fol., lith. de Camaret, avant la l.   1 fr. 50

900-902 Emery (J. A.), sup. de St-Sulp., né à Gex, 1732-1811. In-4, gr. par Pierron. 1811 ; in-4, buste à dr. d. un carré, avant toute l. ; in-fol., beau portr. moderne, publ. p. l. Sémin, à   3 fr.

903-904 — In-fol., gr. par Massard ; in-fol., Riguevert sc., lith. rare, à   2 fr.

905 Varicourt (P. M. Roulph de), év. d'Orléans, né à Gex en 1755. In-fol., lith. Mutin.   2 fr.

906 LA GUICHE. Guiche (P. de la). In-8, portr. col., gr. vers 1810.   1 fr. 50
Voyez aussi numéro 601, 4746.

907 LA MARCHE. La Marche (Olivier de), chroniqu., mort en 1501. In-fol., Larmessin sc., avec biogr.   2 fr.

908 MACON. Pet. vue rare, gr. p. F. Vallegio. 1572, in-8 obl.   3 fr.

909 — Vue in-8 obl., gr. p. Furck. 1600.   2 fr. 50

910 Roberjot (Cl.), né à Mâcon. In-8, Portman sc.   2 fr.

911 Périer (Fr.), graveur de Mâcon : coll. de 5 gravures de cet artiste : in-fol.   2 fr. 50
Voyez aussi les num. 822, 1604, 2585, 4200.

MOLESMES. — Voyez numéro 4782.

912 MONTIGNY-SUR-AUBE. Maupeou (R. Ch. de). Paris, Chancel, seign. de Noisy, Montigny, Bruyères, 1688-1775. In-fol., buste à g., s. n. d. g.   4 fr. 50

913 NANTUA. Longecombe de Pesieu (Hon. de), prieur de Nantua, act. 58, gr. in-fol., Thourneyser sc. 1672, très rare.   12 fr.

914-915 NOLAY. Carnot (Laz.). In-8, lith. Delpech, Mote sc., Dien sc., à   0 fr. 50

916 ORAIN. Theurel (J.), né à Orain, soldat pendant 72 ans. In-fol., portr. curieux, gr. à l'eau-forte, tiré en rouge : au bas la « bataille de Fontenoi ». Rare.   6 fr.

917 PONT DE VAUX. Joubert (B. C.), né à Pont de Vaux, gén. 1769-99. In-fol., gr. par Villeneuve. « Bouclier National ». Sup. épr. rare. On y a joint un très petit portr.   10 fr.

918 — Imp. fol., fig. ent. debout, gr. par Marchand, d'ap. Hilaire Le Dru, en man. noire. Magnif. ép. avant la l. Très rare.   32 fr.

919 — Même port. Sup. épr. avec la lettre.   20 fr.

920 ROCHES. Le Masle (Mich.), prieur des Roches de Longpont, secr. de Richelieu, Pr. de N.-D. des Champs. In-8, M. Lasne fec. (O lieuvre).   2 fr.

921 — In-fol., Daret sc. 1647, beau.   5 fr.

922 — Gr. in-fol. J. Lenfant sc. 1660. Sup. épr.   8 fr.

923 SACY. Rétif de la Bretonne, écrivain, né à Sacy. In-8, Loizelet sc., 2 épr. avant la l., en 2 états.   1 fr. 50
Saint Fargeau (Yonne). Voyez num. 618, 4539. — Saint Florentin. Voyez num. 1227, 5650.

924 SÉMUR. Bonnard (B. de), né à Sémur, 1744-84. In-8, gr. p. N. de Launay, beau.   8 fr.

925-926 Saumaise (A.), né à Sémur, Calviniste, mort 1652. In-4, Paris, chez Daumont. Portr. ital. avec biogr., à   2 fr.

927 — In-fol. Boulonnois sc., avec texte.   1 fr.

928 — In-4, P. Aubry, sc.   3 fr.

929 — Gr. in-fol. Snyderhoef, sc. 1641. Rare. (Vente Visser 20 fl.)   12 fr.

930 Sévigné (Me de), née près de Sémur. In-8. Portr. avant l. l.   2 fr.

931 SIROT. Letouf de Pradines (Cl. de), Baron de Sirot, gén. suédois. Pet. in-fol. Thourneyser, sc. 1678.   3 fr. 50

932 TOURNUS. Greuze (J.-B.), Peintre. — **Guibert**, Sculpteur des Châteaux Royaux. Pet. portr. d. l. pl. gr. rareté, in-12.   5 fr.

933 — « Retour sur soy-même ». Gr. in-fol. obl. L. Binet, sc. Pet. in- .   4 fr.

934 — « Le Silence ». Gr. p. Cars, gr. in-fol. Belle épr.   10 fr.
Voyez aussi n° 1243.

935 TOISSEY. Gondy (Ant. de), Sgr de Toissey et du Perron. In-4, Duflos sc.   3 fr.

936 VEZELAY. Bèze (Théod. de), Réform. à Orléans. Paris, Lausanne, Genève, La Rochelle, né à Vézelay. 1519-1605. In-4. Buste d. un ovale anc. Portr. exc. rare, gr. d. la manière de Hogenberg.   22 fr.

937 — In-8 (Crisp. de Passe, sc.), gr. m.   5 fr.

938 — In-fol. Assis et lisant. Se vendent par Louis Vendosme.   4 fr. 50

939-944 — In-8, Odieuvre, eau-forte holl. s. n. d. g. ; (Théod. Meyer, sc.) ; P. Aubry, sc. ; Boissard, sc. ; in-fol., Bouttats, sc., à   2 fr.

945 — In-4. Joli portr. s. bois, act. 29.   1 fr.

946-948 — In-8 V. d. Laau. sc. ; Houdius, sc. In-24, Azelt. sc., à   0 fr. 50

949 VISARGENT. Clermont Mont St-Jean, Mis de Labatie en Savoie, dép. du Bugey en 1789. In-4, Courbe, sc. T. m.   2 fr.

Bretagne.

950 Carte de la Bretagne p. Blaeu, v. 1580.
1 fr. 50

951 Carcado (J. A. Poncet de la Rivière, Comtesse de), femme auteur du 18e siècle. In-8, gr. p. Maradan. Charm. portr. 6 fr.

952 — In-8. Copie du portr. préc., s. n. d. g. 3 fr.

953 Choiseul (Cés. Gabr. de), duc de Praslin, Paris, gouverneur de Bretagne, 1712-85. Gr. in-fol. gr. p. Fr. David âgé de 21 ans, belle pièce, pet. m. 12 fr.

954 Du Châtel (Tannegui), Vicomte de la Bellièvre, mort à Bouchain en 1477. In-4, Fraùçois, sc. 2 fr.

955 Du Guesclin (Bertr.), Connétable de Fr., né au Chât. de la Motte-Broone pr. de Rennes en 1311. Pet. in-fol. Roger, sc.. d'apr. Sergent. Sup. épr. en couleurs, avec la mort de Du Guesclin devant Château-neuf de Randon. 2 p. superbes épr. 10 fr.

956 Du Prat (Ant.), né à Issoire (Auv.), seign. de Nautouillet. Chancel. de Bretagne. In-4, Moncornet sc. 2 fr.

957 Grignon de Montfort (L. N.), Miss. en Bret., mort en Poitou en 1617. In-4, Desrochers sc. Pet. m. 2 fr.

958 Mannoir (Julien), Jésuite en Bretagne, m. à Plevin en 1683. In-8, Drevet sc. Exc. rare. 10 fr.

959 Meusnier de Querlon (G. A.), breton, littér. à Paris. In-8, act. 62. Cathelin, sc. Beau. T. m. 2 fr.

960 Poullain de St-Foix (G. F.), Breton, littér., mort 1776. In-8, Maleuvre sc. T. m. 3 fr.

961 Varenne de Beost, Recev. gén. des fin. de Bretagne. Gravure « Salon à l'italienne » à lui dédiée par Dumont ; in-fol., avec ses armes. 3 fr.

962 Carcado de Molac (J. de), gr. sénéchal de Bret., 1475-1525. Pet. in-fol., gr. en couleurs p. Ridé d'apr. Sergent, 1788. Sup. épr. de toute fraicheur, avec la mort de Carcado à Pavie, gr. p. Moret ; ensemble 2 pl. 10 fr.

963 Clisson (Ol. de). Seign. de Porhoet, Connét. de Fr., 1320-1407. Pet. in-fol., gr. en couleurs p. Ridé d'apr. Sergent, 1788, avec une scène : Jean I de Bretagne chargeant Clisson de la garde de ses enfants ; ensemble 2 pl. 10 fr.

Pour d'autres portraits de Bretons célèbres, voyez aussi les n°° 2599, 3622, 5638, 5638, 5673, 3301.

964 BELLE-ILE. Plan de l'île et de la ville par De Fer, 1692. 2 pl. in-fol. obl. 1 fr. 50

965 Gondi (Catherine de), Duchesse de Retz et de Beaupréau, Mise de Belle-Isle, Comtesse de Chamilly, Baronne de Mortagne, Thiffanges, morte à Machecoul en 1677. In-4 Duflos, sc. 6 fr.

966 BREST (Plan de) et de ses environs. 2 pl. p. De Fer, in-fol. obl. 2 fr.

967 — Insurrection des vaisseaux le *Léopard* et l'*Amérique* à Brest, sept. 1790. In-fol. obl. Berthault, sc. 2 fr.

968 — Port of Brest Très jolie vue angl. avant l. l., v. 1780, in-4 obl. 2 fr.

969 Castelnau (Jac. de), Gouv. de Brest, 1599-1638. In-4, J. Frosne, sculp. 4 fr.

970 — In-fol. Nanteuil sc., 1658. (Pet. coins raccom.) 4 fr.

971 Expilly (L. A.), Rect. à Morlaix, né à Brest, 1742-94. In-4 Courbé, sc. 2 fr.

972 Kerandren (P. F.), Médecin, né à Brest en 1769. In-4 Tardieu, sc. Epr. avant et avec l. l., les 2 2 fr.

973 Sané (D. N. Baron), Inspect. du génie marit., né à Brest 1740. In-4. Lith. de Boilly. 1 fr.

974 BRISSAC. Brissac (Ch. de Cossé duc de), Lieut. gén. de Bretagne, Gouvern. d'Anjou, d'Hennebout, de Falaise, Port Louis. In-4, B. Montcornet, exc. Très rare avec les armes au milieu. 5 fr.
Voyez aussi les n°° 5519, 5638.

975 DOL. St-Magloire, solitaire à Dôl. In-4 obl. Sadeler, sc. 2 fr.

976 FOUGÈRES. La Riboisière (Ambr. Baston comte de), Inspect. de l'artil., né à Fougères. Gr. in-fol. Fig. ent. avec son fils. Gros, pinx. Lith. d'Engelmann, rare. 5 fr.
Voyez aussi n° 4552.

977 KERGUÉNNEC (Vue du château de) prise dans les bois. Très joli dessin original, signé L. F. Cassac 1776. In-fol. obl. 24 fr.

978 LAMBALLE. Lamballe (Marie-Thérèse de Savoie-Carignan, princesse de), épouse de L. de Bourbon-Penthièvre, 1749-92. In-4. Fig. ent. assise. Bosio dis., Sasso inc. Exc. rare. 10 fr.

979 LA MOTTE-BROONS pr. Dinan. **Du Guesclin** (Bertr.), comte de Longueville, 1320-80. In-4. Buste à dr., en haut à dr. les armes. Portr. rare, gr. d. l. manière de Jaspar Isaac. 16 fr.

980 LANDERNEAU. Le Gris-Duval (R. M.), prêtre du dioc. St-Paul-de-Léon, né à Landerneau, 1763-1819. In-8, Dequevauviller, sc., d'après Hersent. 2 fr.

981 — In-8. Durupt pinx., Dequevauviller, sc. Epr. avec et avant l. l. 1 fr. 50

982 — In-fol. Chasselat del., Massard, sc. 4 fr.

983 — Ep. avant l'inscr. 5 fr.

984 — Ep. à l'état d'eau-forte. 5 fr.

985 — In-8 et in-4, 3 portr. différ. 1 fr. 50

986 **LANDEVENER**. St-Winwalvens, abbé de Landevener, mort 527. In-12, s. n. d. g. (17e siècle). 1 fr. 50

987 **LÉON. La Marche** (J. Fr. de), év. de Léon. In-4. Fait en 2 minutes de séance, p. P. E. de la Fruglaye. E. de Varennes, sc. Très rare. gr. m. 10 fr.

988 — *Le même portr.* Ep. rare en couleurs et avant les mots: « Pro salute vestra... » 12 fr.

989 — In-8. Fremy, sc. 0 fr. 50

990 **Nebout de la Brousse** (P.), év. de Léon. P. Landry, sc. 1674. Sup. ép., rare. 15 fr.

991 **L'ORIENT** (Les environs de) et du Port-Louis, déd. à M. d'Argenson p. Le Rouge. Gr. in-fol. obl. 3 fr.

992 — Bataille navale entre l'amiral de Conflans et l'am. anglais Hawke, près de l'Orient le 20 novembre 1759. Curieuse estampe in-4 obl., gr. en Allemagne, rare. 5 fr.

993 **MATIGNON. Matignon** (Jac. de), comte de Thorigny, gouv. de Guyenne, mort au chât. de Lesparc 1597. In-fol. R. Lochon, fec. 1660, s. m. à dr. 3 fr.

994 **MONTESSON Montesson** (Jeanne Béraud de la Haie de Riou, marquise de), épouse du duc d'Orléans, 1737-1806. Réunion de 3 portr. et vign. gr. par Geoffroy, Prevost, etc. Les port. sont avant l. l. 5 fr.

Montfort (J. et V.). Voyez N° 5047.

995 **MORLAIX. Boiseon** (Herc. Fr. de), vicomte de Dinan et de la Bellière, baron de Kouzere, Trogof, Sgr de la Tournerie, la Houssaye, gouvern. de Morlaix. In-fol. J.-Sauvé fec. Sup. épr. exc. rare. 20 fr.

996 **NANTES**. « Voicy la figure din monstre trouué à Madagascar por vn cap. din vaisseau de M. de la Meilleraye Il est apréseu à Nantes... » Très curieuse pièce représ. un homme à tête d'oiseau, avec la vue de Nantes au fond. Altzenbach, exc. Très rare. 20 fr.

997 — Pet. vue gr. en 1640, en Allem. Berthault sc. 1 fr.

998 — Noyades dans la Loire, p. Carrier, 1793. In-fol. obl. 2 épr. dont 1 eau-forte pure. 2 fr.

999 — Le port de Nantes. 2 vues anc. gr. p. Gabriel et Zeist. In-4 obl. 1 fr.

1000 **Abélard** (Pierre), né à Palais, près de Nantes, 1079, prof. à Melun, Corbeil, Paris. abbé de St-Gildas près de Vannes. In-fol. 2 portr Abélard et Héloïse : grav. du 18e siècle. T. m. 3 fr.

1001 — In-8. Réductions des mêmes port 1 fr.

1002 **Barante** (Bar. de), né à Riom, sous-préf. à Bressuire, préf. à Nantes. In-4, lith. Prodhomme. 2 fr.

1003 **Beauvau** (Gabr. de), év. de Nantes en 1639, mort 1668. In-fol. N. Pollry sc. Sup. épr. avant l. l., pet. m. Rare 18 fr.

1004 **Cacault** (Fr.) de Nantes, prof. à l'Ec. mil. de Paris, mort à Clisson, 1742-1805. Pet. in-fol., gr. p. Fontana, rare 4 fr.

1005 — Même portr. Sup. épr. avant l. l. et à t. m. 6 fr.

1006 **Cambronne** (P. J. de) gén., né à Nantes 1770-1842, gr. in-fol. Charon sc. Sup. épr. 10 fr.

1007 **Carrier** (J. B.). Revolut. à Nantes, 1756-94. In-8 lith. Delpech. 10 fr.

1008-9 — In-8, Portmann sc. ; in-8, s. n. d. g. Portr. fort rare à 2 fr.

1010 **Cathelineau** (J.), chef Vendéen, tué à Nantes 1793. In-4 lith. de Villain, s. chine. 1 fr.

1011 — In-4, J. M. Fontaine sc. Sup. épr. avant l. l. s. chine. 2 fr. 50

1012-14 **Cœur** (Louis), né à Tarare en 1805, chan. de Nantes, év. de Troyes. In-8 lith. Godard ; lith. Rigo ; lith. Toussaint à 0 fr. 50

1015 — In-4 lith. Charpentier à Nantes 1 fr.

1016-17 — In-fol. lith. Deshays ; lith. Aloph, avant l. l. à 2 fr.

1018 **Friard** (St.), solitaire près de Nantes. In-12, Ehinger sc. 1 fr. 50

1019 **Fournier** (l'abbé), dép. en 1848. In-fol. lith. Delarue. 0 fr. 50

1020 **Jarry** (Jos.), Agricult., né à Nantes en 1739, dép. en 1789. In-12 gr. p. Quenedey (C. 43). très rare. 8 fr.

1021 **Joux** (Pierre de), pasteur des égl. de Nantes et de Genève, né en 1752. In-4, gr. p. Quenedey, rare. 6 fr.

1022 **La Porte** (Armand de), marquis de la Meilleraye et de Mayenne, gouv. de Nantes. In-fol. L. V. Roussel exc. 1656. Très rare. 16 fr.

1023-24 **Litoust** (J.), rect. de St-Saturnin à Nantes, 1650-1729. In-4, Scotin sc. ; in-12, joli pet. portr. s. n. d. g. à 2 fr. 50

1025-26 **Mesnard de la Noé** (J.), dir. du sém. de Nantes, mort en 1717. In-4 Horthelmes sc., avec et sans le cartouche de Babel, à 2 fr.

Voyez aussi N° 5199, 5279, 6008.

1027 **PAIMBŒUF** (le Port de), gr. p. Gabriel. In-4 obl. 1 fr.

1028 **PENTHIÈVRE. Penthièvre** (L.-J.-M. duc de), né à Rambouillet, Sgr. de Sceaux, mort à Vernon, 1725-93. In-8, Lefèvre sc. 0 fr. 50

1029 — In-4, Dupin sc. Sup. ép. avant le numéro. 4 fr. 50

1030 **Penthièvre** (Louise-Marie-Adelaïde de Bourbon-), duchesse douair. d'Orléans. In-fol. Mecou, sculp. Sup. ép. 4 fr.

Voyez aussi le n° 1644.

1031 QUIMPER. Coquereau (F.), Chan. de Quimper et de Troyes. In-4. Lith. Collet. 1 fr.

1032 Guino (Abbé), rect. d'Elliant, dép. de Quimper en 1789. In-4, Allais sc. 4 fr.

1033 Lancelot (Dom Cl.), relig. du Port-Royal, mort à Quimper en 1695. In-8. Lith. Delarue. 0 fr. 50

1034 Le Guillou (Abbé C. M.), Chan. hon. de Quimper. In-4. gr. par Holl. Portr. rare. 2 fr.

1035 Ploeuc (F. Hyac. de), év. de Quimper. Pet. in-fol. Cars sc. Coupé à l'ovale. 1 fr. 50

Quimperlé. Voyez n° 1259. 3711 (Lacmuec).

1036 RENNES. Pet. vue gr. en 1640 en Allem. 1 fr.

1037 Argentré (Bertr. d'), sénéchal de Rennes, né à Vitré, 1519-90. In-fol. de L'Armessin sc. Avec texte biogr. 2 fr.

1038 — In-4, Thom. de Leu, fec., anno 1604. Texte au verso. 2 fr. 50

1039 — Le même port. Magnif. épr. avant les tailles sur le front., de toute rareté en cet état. 32 fr.

1040 Boursoul (J.-Aug.), gardien de l'Hôp. St-Yves, mort d. l. chaire, 1704-74. In-fol. Causier sc. Gr. m. 5 fr.

1041-42 Carron (Guy T. J.) de Rennes, fond. d'hosp. franç. à Jersey et Londres, 1760-1821. In-8 Goulu sc.; in-4, lith. Perrot. à 0 fr. 50

1043 — In-4, Geoffroy sc. 1 fr.

1044 — In-4, Legoux sc. Charmant et très rare port. publ. à Londres, avec 8 vers par le chev. de Payen. 8 fr.

1045 — In-8, N. Ponce sc. 1 fr. 50

1046 — Même port. avant l. l. 3 fr.

1047 — Gr. in-4, Mecou sc. 2 fr. 50

1048 — Même port. avant l. l. 4 fr.

1049 Chapelier (Isaac R. G. Le), avoc. à Rennes, dép. en 1789. In-8, gr. p. Claessens. à 2 fr.

1050 — In-12, médaillon rond. Très joli port. gr. au bistre. 4 fr.

1051 Du Plessis de Grenédan (L.-J.-A.-M., comte), prés. en la Cour de Rennes. Pet. in-fol. Leroux sc., 1835. Sup. ép. à t. m. 5 fr.

1052 Gérard (Mich.), cult., dép. de Rennes en 1789. In-8, Bonneville, sc. T. m 1 fr. 50

1053 Jegou de Quervillio (Cl.), Prés. à Rennes. In-fol. J. Lenfant sc. 1664. Sup. épr. 15 fr.

1054 La Chalotais (L. R. de Caradeuc de), Proc. gén. au Parlem. de Bret., né à Rennes en 1701. In-8, buste à dr. avec 4 vers. « Son génie... » 3 fr. 50

1055 — In-4, Queverdo del., Hubert, sc. 3 fr. 50

1056 — Le même portr. Sup. épr. à t. m. 4 fr. 50

1057 — In-4, Cochin del., Moitte sc. 1764. T. m. 5 fr.

1058 — In-fol. Baron, sc. d'ap. Cochin 1704. Sup. épr. 8 fr.

1059 La Mothe-Houdancour (H. de), év. de Rennes, archev. d'Auch, abbé de Fremont et de Souillac. In-4, J. Baugin, sc. Très rare. 8 fr.

1060 Lanjuinais (J.-D. Comte), Oriental., né à Rennes 1753. In-4, Boilly, lith. 1 fr.

1061 — In-8, gr. par Lips d'ap. Bréa. Sup. épr. à t. m. 2 fr.

1062 Queriolet (M. de), Conseill. au Parlem. de Rennes, 1592-60. In-8 (Landry sc.). 3 fr.

1063 — Le même portr. Sup. ép., g. m. 4 fr.

1064 Ravechet (Hyac.) de Guise, théol. à Paris, mort en exil à Rennes en 1717. In-4. gr. p. Desrochers, rare. 3 fr.

1065 Olivier (Séraphin) de Lyon, év. de Rennes, 1538-1609. In-8 V. Wyngaerde sc. Texte au verso. 1 fr.

1066 Ségaud (Guill. de), Jésuite, Prof. à Rennes et à Rouen, 1674-1748. In-8, Klauber sc. 2 fr. 50

1067 Varin (P. V.), né en 1753 à Rennes, dép. en 1789. In-12, (gr. par Basset). Profil à g. 3 fr.

1068 Bouexic (Louis de), Sgr. de la Chapelle, Conseill. au Parlem. de Rennes. In-fol Picart sc. Rare, pet. m. 12 fr.

1069* Requêtes présentées au Parlem. de Bret. et à l'év. de Rennes au sujet d'un refus de sacrements 1739. In-4. Pièce relat. à la famille Cassard. 3 fr.

Voyez aussi les n°° 955, 2366, 2636, 4471, 5279.

1070 ROHAN. Rohan (P. de), Maréch. de Gié, mort 1513. In-4 Pinssio, et Babel sc. 2 fr.

1071-72 Rohan (Henri duc de), né au chât. de Blin, Prince de Léon. Comte de Porhouet, 1579-1638. In-8, Moncornet sc.; in-8, gr. p Moitte. 2 fr.

1073 Rohan (Hercule de), duc de Montbason, Gouv. de Paris. In-4 Montcornet exc., rare. 3 fr.

1074 Rohan (Anne de), Princesse de Guemenée, morte 1685. In-fol., Poilly sc. Très rare. 8 fr.

Voyez aussi n° 2498.

St-Aubin de Cormier. Voyez n° 5623.

1075 ST-BRIEUC. Duaren (Fr.), né à St-Brieuc, Jurisc ons. de Bourges, 1509-59. In-4, portr ital. avec biogr. 2 fr.

1076 — In-8, (Woeiriot sc.), 1555. Sup. épr. exc. rare. 20 fr.

1077 La Barde (Denis de), de St.-Brieuc, 1641-75. In-fol., R. Nanteuil ad viv. fec., 1657. Sup. épr. 15 fr.

1078 **ST-MALO** (Plan et carte de). 2 pl. gr. Gournay. 1692. 2 fr.

1079 — (Plan de), gr. p. Mérian, in-fol. obl. 1 fr. 50

1080 — Pet. vue gr. en allem. v. 1640. 1 fr.

1081 **Harlay** (Ach. de), év. de St-Malo, 1585-1646, gr. p. Vaumerleu, coupé à l'ovale. 1 fr.

1082 **Lamennais** (abbé Félix R. de), né à St-Malo, 1782-1854. Collect. de 10 portr. différ. in-4 et in-8 ; ensemble. 5 fr.

1083 **Neufville** (Ferd. de), év. de St-Malo, puis de Chartres, mort en 1690. In-fol., Th. van Meerlen fec., 1653. Sup. épr. à t. m. 15 fr.

1084 — Le même portr. Belle épr., mais pet. m. à g. 10 fr.

1085 — In-fol., Nanteuil sc., 1657. Magnif. por. du premier état. 25 fr.

1086 — Le même portr., épr. avec 1658. S. m. 4 fr. 50

1087 — In-fol., R. Nanteuil sc., 1644. 12 fr.

10-8 **Villemontée** (Fr. de), né à Paris en 159 , Seigneur de Montaiguillon en Brie, intend. du Poitou et de La Rochelle, év. de St-Malo, le dernier évêque marié. In-fol , Cl. Mellan sc., rare. S. m. 6 fr.

1089 **ST-POL DE LÉON. Verguet** (Cl. Fr.), prieur de Relecq, dép. de St-Pol en 1789, né à Champlitte (Hte-Saône), 1744-1814. In-4, Alix sc. 3 fr. 50
Voyez aussi numéro 567.

1090 **TRÉGUIER. Baglion** (Fr. Ign. de) de Saillant, év. de Tréguier, puis de Poitiers, mort en 1698 ; gr. in-fol , Vallet sc., 1689. Beau mais s. m. 8 fr.

1091 **Grangier** (Balth.), év. de Tréguier. 1603-74. In-fol., Rousselet sc., 1654. Très rare, s. m. 9 fr.

1092 **Jegou de Quervillio** (Ol.). év. de Tréguier. 1695. Gr. in-fol.. Moutbard sc. Belle épr., s. m. 9 fr.
Voyez aussi num. 5386.

1093 **VANNES. Aramis.** év. de Vannes. In-4, Philippotaux sc. 1 fr.

1094 **Argouges** (Fr.), év. de Vannes en 1687; gr. in-fol., Gantrel sc., coupé à l'ovale. 5 fr.

1095-96 **Lesage** (A. R), écr.. né à Sarzeau pr. de Vannes, 1668. In-8, St-Aubin sc. ; Guélard sc. 1 fr. 50
Voyez aussi numéro 2606.

1097 **VITRÉ. Neuville** (P. Ch. Frey de). né à Vitré, mort à Rennes, 1692-74, jésuite. In-8, lith. de Julien d'après Bradel. t. m. 1 fr. 50

1097 *bis* — Ep. avant la l. 3 fr.

Champagne.

1098 **Carte** par Blaeu. Amsterd., 1580, gr. in-fol. 1 fr. 50
Voyez aussi les nos 2432, 4539, 4552, 4560.

1099 **ANGLURE. Braux** (P. Ign. de). Premier Baron de Champagne, Marquis d'Anglure, Vicomte des Essarts, etc. In-fol. van Schuppen sc. 1661. Belle épr. 12 fr.
Voyez aussi les nos 2423, 4392, 5634.

1100 **ARCIS-SUR-AUBE** (Bataille d') 1814. Plan gr. in-fol. obl., gr. p. Wilmaar. 2 fr.

1101 **Danton** (G. S.), né à Arcis. In-8 Claessens sc. 2 fr.

1102-3 In-8. Lith. Delpech ; in-8 Leclerc sc., à 0 fr. 50

1104 **BAR-SUR-AUBE** (Bataille de) 1814. Grav. col. du temps, in-4 obl. 2 fr.

1105 **Bar** (Pierre de). né à Bar-s.-A., Card. en 1244. In-8. Grav. du 18e siècle. 2 fr.

1106 **Bar** (Geoffroy de). Card. en 1281. In-8. (18e siècle). 2 fr.

1107 **Vouillemont** (Et.), Graveur, né à Bar-s.-A. Portr. du Cardinal Justiniani. In-fol. Belle épr., rare. 3 fr.
Voyez aussi les nos 618, 694, 4560, 4764, 4305.

1108 **BEAUVAIS-NANGIS. Brichanteau** (Nic. de), Seign. de Beauvais. In-12. S. n. d. g. 1 fr. 50

1109 **BRIE** (Carte du pays de). Gr. in-fol. Amst., Blaeu. 1 fr. 50

1110 **BRIENNE** (Bataille de) 1814. In-4 obl. Grav. du temps. 2 fr.
Buquoy. Voyez no 506.

1111 **CHALONS-SUR-M.** Pet. vue gr. en Allem. v. 1640. 1 fr.

1112-13 **Aubertin** (Ed.), Pasteur à Charenton, Chartres et Paris, né à Chalons en 1595. In-4, Desrochers sc. ; in-4, Daumont exc. ; in-4, Montcornet sc., à 2 fr.

1114-15 **Blondel** (Dav.), né à Chalons, ministre à Houdan, 1591-1655. In-8, Desrochers sc., s. m. ; in-fol., Duflos sc., s. m., à 1 fr. 50

1116 **France** (Mérovée roi de), mort 458. In-4, Dupuis sc. 0 fr. 50

1117 **Le Clerc de Juigné** (A. El. L.) de Neuchelle Paris, gr. vic. de Carcassonne, év. de Chalons-s.-M., archev. de Paris, fondat. du Sémin. à Constanz. Duc de St-Cloud, 1728-1811. Gr. in-fol. Peint p. Brossard Beaulieu. Magn. épr., pet. m. 16 fr.

1118-19 — In-8. Lith. de Motte ; in-8 (Incendie de St-Dizier), à 0 fr. 50

1120 — In-8. Buste à dr. Comme dép. en 1789. Tres rare. 5 fr.

1121 — In-8. Buste de face, au bas : « Posuerunt.... » 1 fr. 50

1122 — Même portr. Sup. épr. avant l. l. T. m. Rare. 6 fr.

1123 — In-4, Le Beau sc. Belle épr. avant
le numéro. 6 fr.
1124 — In-4. Plée sc., t. m ; rare. 6 fr.
1125 — In-fol., à mi-genoux, assis. Paris,
chez Basset, t. m. 8 fr.
1126 — In-fol., gr. p. Varin, t. m. Beau.
9 fr.
1127 — Même portr. Première épr. avant
les mots : « Proviseur de la Sorbonne. »
T. m. 12 fr.
1128 — Deux mandements à l'occ. des Ju-
bilés 1770 et 76. In-4, dérel.. avec les
armes de Mgr Le Clerc. 3 fr.
1129 **Noailles** (Louis Ant. de), év. de Cahors.
de Chalons, archev. de Paris. 1651-1729.
In-8, Gavart sc 0 fr. 50
1130-32 — In-8, buste d. un octogone : le
Diacre de Paris et Mgr de Noailles ; in-8
obl., texte au verso, à 1 fr.
1133-38 — In-12, buste s. un socle, N. Pitau
sc. Joli pet. portr. ; in-12. même portr. en
contre-sens : in-8, Paris, chez Crépy ; in-4,
Paris, chez Daumont, t. m. ; in 4, Pitau
sc ; in-4, Desrochers sc., à 2 fr.
1139-42 — In-8, Paris. chez Poilly : in-8, gr.
p. Langlois, avec des vers manuscrits :
in-8, Langlois sc. : in-8, Thomassin sc.. à
3 fr
1143 — In-4 obl., Mgr de Noailles visitant
le tombeau de M. de Paris. Pièce rare. s
n. d. g. 5 fr.
1144 — In-24, charmant petit portr de la
plus gr. rareté et nulle part décrit. Buste
à g. d. un ovale, la croix de St-Esprit
dépasse l'ovale. S. n. d. g., mais assurément l'œuvre d'un des gr. grav. du 18e
siècle. (Drevet ?) 16 fr.
1145 — Gr. in-fol.. à l'âge de 21 ans, en
abbé d'Aubray, gr. p. Vallet. Pet. m.,rare.
8 fr.
1146 — In-fol.. Langlois sc. 5 fr.
1147 — In-4, Koll sc. 3 fr.
1148 — Même portr avec texte biogr. 3 fr.50
1149 — In-fol., assis. Paris, chez Trouvain :
rare. 10 fr.
1150 — In-fol.. Habert sc. 8 fr.
1151 — Gr. in-fol., Edelinck sculp. 12 fr.
1152 — Même portr. Belle épr. s. m. 5 fr.
1153 — Gr. in-fol., Drevet sc. Raccom. 5 fr.
1154 — Gr. in-fol., Vermeulen sc., s. m.
4 fr. 50
1155 — « L'an 1er du règne de Louis XV. la
liberté a esté rendue à ceux qui restoient
disgraciez. fugitifs, exilés ou prisonniers
pour les affaires de l'Eglise. » Grande estampe historique fort rare et intéressante.
représ. le jeune roi Louis XV, ayant à ses
côtés le Card. de Noailles et le régent,
entourés de prélats et religieux à qui
la liberté a été rendue (de Crès,du Saussay,

de la Fosse, Bragelone, Habert, Witasse,
Albizzi, Arnauld de Marseille, etc.). 40 fr.
1156* — Réunion de 5 arrêts du Parlement,
brefs, etc., dirigés contre le Cardinal de
Noailles à l'occ. de la bulle Unigenitus.
4 fr.
1157* — Réunion de 20 pièces, manuscrits,
requêtes, etc., pour et contre le Card. de
Noailles, au sujet de la bulle Unigenitus.
12 fr.
1558* — Mandement de Messieurs les vicaires
généraux, portant ordre de faire des prières pour le repos de l'âme de feu Mgr de
Noailles : gr. affiche. 1729 : rare. 5 fr.
1159* — Réunion de 14 mandements du Card.
Noailles,relatifs à la grossesse de la Reine,
à la maladie du roi, etc. In-4, avec les
armes de Noailles. dérel. 7 fr. 50
1160* — An account of the miracle wrought
on the 31st of may 1725, in the person of
Anne Charlier, publ. Paris, with the Per-
mission of the Card. de Noailles. London.
1748. in-12, dérel. 3 fr.
1161 **Noailles** (Gaston J.-B. de), év. de Châlons. In-4. gr. p. Desrochers. 2 fr. 50
1162 — In-4, Daumont exc. 2 fr.
1163 — Gr. in-fol., Langlois sculp., d'après
Coypel. Rare. Sup. épr., mais pet. m. 15 fr
1164 **Pinteville** (J.-B. de). Baron de Cernon,
né à Coudray (S.-et-O.), dép. de Châlons
en 1789. In-4, Alix sc. Sup. épr. 4 fr.
1165-66 **Vialart de Hersé** (Fel.). Paris., abbé
de Pébrac, év. de Châlons. 1613-80. In-12.
pet. buste s. un socle ; in-8, buste à g.,
s u. d. g., t. m. : rare, à 2 fr.
1167 — In-4, Habert sc., épr. jaunie. 1 fr.
1168 — In-fol., Lombart sc., mau. noire:
rare. 4 fr.
1169 — In-fol., R. Lochon sc. Sup. épr.,
très rare. 15 fr.
Voyez aussi num. 2823, 5791.
1170 **CHARLEMONT** (Givet). Pet. vue curieuse. in-4 obl.. gr. par Furk. 1600. 2 fr.
Voyez aussi num. 4767.
1171 **CHATEAU-THIERRY. Mentelius** (Jac.),
méd.. né à Château-Th. In-4, R. Lochon
sc. Rare. 4 fr. 50
1172 **CHATILLON-S.-M. Urbain II** (Eudes
de Lagery). né à Châtillon, pape en 1087.
In-8, s. u. d. g. 2 fr.
1173 **CHAUMONT. Bouchardon** (Edme),sculp..
né à Chaumont. 1698-1762. In-4, dess.
p. Cochin fils. 3 fr. 50
1174 **Champigny** (Hon. de), capucin, mort à
Chaumont en 1624. In-12, Messager sc.
Beau et rare. 4 fr.
1175 **Amboise** (Ch. d'), Seigneur de Chaumont, 1473-1511. In-12, s. u. d. g. 1 fr.

1176 **CHOISEUL**. Choiseul (Charles de). maréch. de Fr. In-fol. Paris, chez Trouvain. Rare. 6 fr.
Voyez aussi num. 953.

1177-79 **CLAIRVAUX**. St-Bernard, né à Fontaine-lez-Dijon, premier abbé de Clairvaux, 1091-1153. In-24, (Azelt sc.) ; in-8, Kilian sc. ; in-4. Thevet exc., à 0 fr. 50

1180 — In-4, C. Galle exc. (P. Aubry sc.) 2 fr.

1181 **Bouchu** (P.), abbé de la Ferté puis de Clairvaux, mort en 1718. In-fol., Nauteuil sc. Très beau. 12 fr.

1182 **Gassot de Deffens** (Rob.), abbé de Clairvaux. gr. in-fol., Chereau sc. 5 fr.

1183 **Herbert** (Jac.). abbé de Clairvaux. mort en 1254. In-4. Suite de Duchesne. 0 fr. 50

1184 — In-8, beau portr. du 18e siècle. 2 fr.

1185 **Le Bloy** (Fr.), abbé de Clairvaux, in-fol., de Launay sc.. pet. taches. 3 fr. 50

1186 **Mayeur** (P.), abbé de Clairvaux, gr. in-fol.. Larmessin sc. Sup. épr. 10 fr.
Dampierre. Voyez num. 4523.
Doncbery. Voyez num. 5666.

1187 **DRICOURT** (Ard). **Corvisart-Desmarets** (Baron J. N.), méd., né à Dricourt, 1755-1831. In-fol., gr. p. Blot. Beau. 6 fr.

1188 **EPERNAY**. **Martinet** (J. F.), curé de Daou, né à Epernay, 1755-1836. In-4, Voyez sc. 2 fr.

1189 **ESTREPIGNY**. **Meslier** (J.), curé d'Estrepigny, né à Mazerni (Ard.), 1678-1733. In-8, s. n. d. g. Rare. 2 fr. 50

1190 **FONTETTE**. **Valois** (Jeanne de St-Remi de), épouse du Comte de la Motte, née à Fontette en 1756. In-4, beau portr. (par Le Beau). 6 fr.

1191 **FRANCHEVAL** (Ard.). **Berton** (J. B.), gén., né à Francheval, décap. à Saumur. 1769-1822. In-4, lith. rare de Delpech. 2 fr.

1192-95 **GERSON**. **Gerson** (J. Charlier de), né à Gerson près de Rethel, légat au conc. de Constanz, mort à Lyon en 1429. In-4, Paris, chez Daumont : in-4. Surugue sc. ; in-4, Fillœul sc. ; in-4, Ponce sc., à 2 fr.

1196 — In-8, lith. Guerrier ; grav. sur bois, à 0 fr. 50
Hauteville. Voyez le num. 5256.

1197 **JOINVILLE**. Marie Stella lady Newborough, née de Joinville. In-fol., lith. de Villain. Rare. 2 fr. 50)
Voyez aussi les numéros 1513, 1520, 1530, 1532, 1560, 1582.

1198 **LA FÈRE CHAMPENOISE** (La bataille de). 25 mars 1814. Curieuse grav. de l'époque, finem. col. Au premier plan. le Maréch. Blucher. 3 fr.

1199 — La même grav. en noir. 2 fr.

1200 — La même bataille, gr. plan gr. p. Willman. 1 fr. 50

1201-4 **LA FERTÉ SOUS JOUARRE**. **Bourbon** (Charles Card. de). né à La Ferté, archev. de Rouen, lég. d'Avignon, év. de Beauvais. In-8 obl., médaille ; in-24, s. n. d. g. ; in-8. g. p. Massard ; in-4, lith. de Lebuthais, à 0 fr. 50

1205-6 — In-12, Harrewyn sc. ; in-12, comme roi de Fr., Harrewyn sc., à 1 fr.

1207-8 — In-8, beau portr. s. n. d. g. : in-8, Aubert sc., à 1 fr. 50

1209 **Condé** (Henri Ier de Bourbon, Prince de), né à La Ferté, mort à St-Jean d'Angely, 1552-88. In-4, Aubert sc., avec le beau cartouche de Babel. 2 fr.
Voyez aussi le num. 5629.

1210 **LANGRES**. **Clermont-Tonnerre** (Fr. L. de), év. de Langres, en 1696. In-4, Desrochers sc. 2 fr. 50

1211 — Gr. in-fol., Cl. Duflos sc., lég. tache à g. 15 fr.

1212 **Desiderius** (Saint), év. de Langres. In-12, Werlin sc. 1 fr.

1213 **Didérot** (D.), né à Langres, 1712-84. In-4, Greuze del., Benoit sc. Pet. m. 3 fr.

1214 — In-8, St-Aubin sc. 1 fr. 50

1215 — In-4, Cathelin sc. Sup. épr., marges. 5 fr.

1216 **Drevon** (J. C.). avoc. à Langres, né à Lyon, dép. en 1789. In-4, Allais sc. 4 fr.

1217 **Floriot** (P.), curé de Lay, confess. à Port-Royal, né à Langres, 1603-91. Buste à g. 1 fr.

1218 — In-8. s. n. d. g. 2 fr.

1219 — In-fol., Habert sc., beau. 4 fr.

1220 **Gillot**, dessinateur de Langres. Portr. du coméd. Dangeville. In-8, t. m. Rare. 3 fr.

1221 **La Rivière** (L. Barbier de), né à Montfort l'Amaury, év. de Langres, mort 1670. 2 portr. in-fol. et in-4 gr. p. Jollain et Landry, s. m. 3 fr.

1222 — Lettre d'vn Religievx à M. l'abbé de La Rivière. — La Rivière en fvite auec l'emprisonnement du cheval. son frère à la Bastille. Paris, 1650, etc. 4 plaquettes rares, in-4 dérel. 5 fr.

1223 **Montmorin** de **St-Herem** (Guill. de), év. d'Aire, 1624, et de Langres. 1696-1770. In-fol.. Marillier del. Beau et rare. 12 fr.

1224 **Parisis** (P. L.), év. de Langres en 1835. In-4, lith. Guillet et 1 pet. port. Ensemble. 1 fr. 50

1225-26 **Richer** (E.), né pr. de Langres. 1560-1633. In-4, buste de face, au bas 4 lignes : in-4 avec 5 lignes, à 3 fr.
Voyez aussi nos 2289, 2302, 4815.

1227 **LA VRILLIÈRE**. Phélypeaux (Louis), Comte de St-Florentin, duc de la Vril-

lière. Paris, 1765-77, in-8, de M. Moreau
sc., 1769, t. m. Beau et rare.   10 fr.
1228 — In-4, C. N. Cochin fec., 1757.   4 fr.
1229 — In-4, Le Beau sc. Sup. épr. avant
le numéro.   6 fr.
1230 **LOUVOIS. Le Tellier** (Mich.), Parisien,
Seign. de Chaville et de Louvois, 1603-85.
In-8, (gr. p. Mérian).   2 fr.
1231 — In-8, caricature holland. en man.
noire.   2 fr.
1232 — In-fol. (gr. p. Michel Lasne d'après
Stella). Épr. avant l. l., très rare.   6 fr.
1233 — In-fol., Nanteuil sc., 1661. Magnif.
ép. avant l. l. 1er état, très rare.   25 fr.
1234 **Louvois** (F. Mich. Le Tellier, marquis
de), 1641-91. In-4, Gaillard sc. Sup. ép.
avec le cart. de Babel.   3 fr.
1235 — In-8, port.-caricature en man. noire.
                                         2 fr.
1236 **MEAUX. Bossuet** (J.-B.) de Dijon, chan.
de Metz, év. de Condom, de Meaux, 1627-
1704. In-8, portr.-caricat. en man. noire.
                                         2 fr.
1237 — Pet. in-fol., curieux portr. impr. en
couleurs (manière de Gauthier d'Agoty),
avant l. l. Très rare.   12 fr.
1238 **Bonault de Gamaches** (Abbé de). vic.-
gén. de Meaux. In-4, lith. Engelmann.
Très rare.   3 fr.
1239 **La Noue** (J.-B. Sauvé de), né à Meaux.
In-8, gr. p. Littret, 1763, pet. m.   2 fr. 50
1240 **Leger** (Cl.), né à Attichy pr. de Soissons
en 1699, gr. vic. de Meaux, de Rouen,
curé de St-André-des-Arts. In-4, gr. p.
Nochez.   2 fr.
1241 — In-4, Nochez sc., buste à g.   3 fr.
1242 **Ligny** (Dom. de), év. de Meaux en
1659. In-fol., R. Nanteuil sc., 1654. Épr.
avant l. l., s. m.   9 fr.
1243 — In-fol., Van Schuppen sc., 1658. 3 fr.
1244 **Séguier** (Dom.), év. d'Auxerre 1631,
de Meaux 1637. In-fol., Charpignon sc.,
ép. avant l. l. Rare.   10 fr.
1245 — In-fol., R. Lochon fec. Sup. épr.
avec médaillons d. les coins.   12 fr.
1246 — Même, portr. avec chiffres, s. m.
                                         5 fr.
1247-48 **Thiard de Bissy** (H. de). Card., év.
de Toul 1687, de Meaux 1704, abbé de St.-
Germain-des-Prés. In-12, s. n. d. g., 2
portr. diff., à   1 fr.
1249 — In-12, Buste, s. un socle. Mathey
sc.   2 fr.
1250 — Pet. in-fol., Kolb sc., avec 2 pp. de
biogr.   3 fr.
1251 — In-fol., Marie Nicole Horthemels sc.,
pet. m.   4 fr.
1252 — Gr. in-fol., Marie Hyac. Horthemels
sc. Beau.   15 fr.
Voyez aussi Nos 571, 3943, 4088, 4232.

1253 **MERY-S.-SEINE** (Vue de). In-4 obl.,
Peeters del.   1 fr.
1254 **MÉZIÈRES** (Plan de), p. de Fer.   1 fr.
1255 **MONCEAUX** (Vue du Chât. de). In-fol.
obl. (Mérian sc.).   1 fr.
1255 *bis* — Veue du Chasteau de Monceaux.
— Veue de Monceaux du costé du Parc.
2 magnif. vues gr. in-fol. obl., par Isr. Sil-
vestre en 1679 et 1680. Exc. rare.   25 fr.
Voyez aussi Nos 455, 5097
1256 **MONTMIRAIL** (Vue de), p. Peeters. 1 fr.
1257 — La Porte de Montmirail. Pet. p. p.
Chastillon.   3 fr.
1258 **Le Tellier** (Ch. F. Cés.), Marquis de
Montmirail, Parisien, 1734-64. In-8, Gaucher sculp. Charmant portr. de la plus
gr. rareté.   16 fr.
1259 **Retz** (Fr. Paul de Goudi, Card. de), né
à Montmirail, Souv. de Commercy, Prince
d'Enville. abbé de Buzay, St-Denis, Quimperlé, Archev. de Paris. In-4, Duflos sc.
                                         3 fr.
1260-63 — In-4, Daret exc.: in-4, Moncornet
exc., in-4 Aubert sc., avec et sans le cart.
de Babel, à   2 fr.
1264-69 — In-4, Aubert sc., pet. m.: in-8, s.
n. d. g., 1652 ; in-8, Migneret sc. : in-8,
Muller sc. ; in-12, Thomassin sc. : in-8,
Lambeil sc., à   1 fr.
1270-74 — In-8, Sichling sc. : in-8, portr.
anc. s. n. d. s. en 2 sens : in-4, lith. Jacob :
in-12, St.-Aubin sc., à   0 fr. 50
Moustiers-en-Der. Voyez No 4523.

1275 **MOUTIER-RAMEY. Chauvelin** (Abbé H.
Phil.). né à Paris, abbé de Moutier-R.,
chan. de N.-D., 1716-71. In-4, buste à dr.
Beau portr. s. n. d. g.   6 fr.
1276 — Gr. in-fol. gr. p. Moitte. Beau portr.
                                        10 fr.
1277 — Allégorie. Chauvelin à genoux, pré-
sente au roi l'acte de prescription de la
Société de Jésus. C'est une pièce très rare
et bien gravée. Gr. in-fol. obl.   15 fr.
1278 **MUCY-L'ÉVÊQUE. Boursault** (R.), poète,
1638-1701. In-4, Sisco sc., t. m.   2 fr.
1279 **PARACLET** (Fondat. du). Gr. in-4 p.
Thomas, 1782.   1 fr. 50
1280 **PINEY. Montmorency de Luxembourg**
(Fr. H. de), parisien, duc de Piney, comte
de Bouteville et de Lusse, sgr. de Précy.
Gouv. de Champagne, Brie, Normandie.
1628-95. In-12, Duflos sc.   1 fr. 50
1281-82 — In-4, Tardieu sc., avec le cart.
de Babel : in-4 s. n. d. g., à   2 fr.
1283 — In-fol., fig. ent. debout, N. Bonnart
sc.   8 fr.
1284 — Pet. in-fol., Sergent del., Ridé sc.
Sup. épr. en couleurs, avec le fait historique: Eloge de Luxembourg par le Pr. de
Conti à N.-D. de P. 2 p. Ensemble.   10 fr.

1285 **PLANCY**. Guénégaud (H. de), marquis
de Plancy, vic. de Semoine, baron de St.-
Just, du Plessis, Belleville, Fresnes. In-4,
Frosne sc. Rare.   4 fr.
1286 — In-4, Montcornet exc.   2 fr.
1287 **PONT-s.-S.** Bouthilier (Léon). Comte
de Chavigny et de Pont. Baron de la Grève
et d'Antibes, Sgr des Caves. Gouv. du bois
de Vincennes. In-4, B. Montcornet exc.
                                           2 fr.
1288 — In-4. Paris, chez Daret, 1652.   3 fr.
1289 **PONTIGNY**. Chanlatte (Nic.), abbé de
Pontigny en 1764. Gr. in-fol. Duchesne
sc. 1772. Beau.   6 fr.
1290 — Même portr. Epr. moderne.   2 fr.
1291 **Grillot** (J. G.), abbé de Pontigny, mort
1764. Gr. in-fol. J. Balechou sc.   5 fr.
1292 **PRÉCY-S.-M.** Refuge (Eust. de). Sgr de
Précy, intend. en Guyenne et à Lyon,
1564-1617. In-4, Daret sc.   3 fr.
1293 **REIMS**. Pet. vue curieuse gr. par Furck
1600, in-8 obl.   2 fr.
1294 — Belle et rare vue in-4 obl., gr. p. E.
Moreau.   10 fr.
1295 — Pet. vue gr. en Allem. v. 1640. 1 fr.
1296 — Cathédrale de Reims. 2 vues in-
fol., gr. p. Du Cerceau et Mériau.   3 fr.
1297 — Vraie représ. du sacre de Louis XIV
1654. Pièce rare de l'époque, gr. en Allem.,
in-fol. obl. C'est Mgr Le Gras de Vauber-
cey qui sacra Louis XIV.   7 fr.
1298 — Carte du duché de Reims. Gr. in-fol.
obl. Amsterd., Blaeu.   1 fr. 50
1299 — Monument érigé par la ville de
Reims en 1761, inventé p. Pigalle. Magn.
pl. gr. in-fol., gr. p. Moitte.   8 fr.
1300 **Barberin** (Ant.). Card., archev. de
Reims. In-fol. R. Nanteuil sculp. 1663.
Sup. épr. avant l. l.   15 fr.
1301 — In-fol. Nanteuil sc. 1664. Belle épr.
avant l. l. Piqû. de vers en haut.   6 fr.
1302-03 — In-8, Aubry sc. ; in-4, Picart sc.,
à   2 fr.
1304 — In-4, Meyssens sc.   3 fr.
1305 — In-4, Vouillemont sc., rare.   4 fr.
1306 **Bray** (Guill. de), archidiacre de Reims,
card. en 1262. In-8. S. n. d. g. (18e siècle).
                                           2 fr.
1307 **Bergier** (Nic.), Prof. à l'Univ. de Reims,
mort au chât. de Grignan 1623. In-8, E.
Moreau fec., rare.   3 fr.
1308 **Callou** (J.), Chan. de Reims. 1626-1714.
In-4, Desrochers.   2 fr.
1309 **Coiffin** (Ch.), rect. de l'Univ. de Paris,
né à Buzancy pr. Reims. 1676-1749. In-4.
Coll. Odieuvre, cart. de Babel.   2 fr.
1310 — Pet. in-fol. Simonneau sc. Pet. m.
                                           3 fr.
1311 — Même portr. Ovale coupé   0 fr. 50

1312 — Gr. in-fol. Gr. p. Daullé. Magnif.
épr.   15 fr.
1313 **Des Ursins** (Jean Juvénal), Archev. de
Reims. In-8. Portr. en couleurs.   1 fr.
1314 **Devaux** (P.), né à Reims. Relig. Minime à Lyon en 1758. In-fol. Zaballi fec.,
épr. mod.   2 fr.
1315 **Etampes** (Léonor d'), év. de Chartres,
achev. de Reims. In-4, Charpignon sc.
Rare.   8 fr.
1316 **France** (Louis IV, roi de), mort à Reims
954. In-4, Fessard sc.   1 fr.
1317 **Gerbais** (J.), né à Epais pr. Reims en
1629. Dr de Sorb. In-4, Desrochers. 2 fr.
1318 **Géry** (A. G. de), né à Reims en 1727,
Sup. de Ste-Gen.; Curé de St-Léger de
Soissons, de St-Irénée de Lyon. In-fol.,
gr. p. Blot 1730. Sup. ép. Marges.   10 fr.
1319 — Même port. Magn. et très rare épr.
avant la lettre, s. m.   10 fr.
1320 **Gousset** (Mgr.), archev. de Reims. 3
port. in-4 et in-fol., lith. p. Julien, Migeon
et Bouillé. 1839.   2 fr. 50
1321 **La Caille** (Nic. L. de), diacre de Reims,
né à Rumigny, 1713-62. In-fol., gr. par Mlle
Devaux. Sup. ép.   3 fr.
1322 — Même port. avant l. l., mais s. m.
                                           2 fr.
1323 **Lallemant** (P.), Chanc. de l'Un. de Paris, né à Reims. Pet. in-fol., Nanteuil sc.
1678.   2 fr. 50
1324 **Lattaignant** (Abbé G. Ch. de). Parisien,
Chan. de Reims, aut. de la chanson « J'ai
du bon tabac », 1697-1779. In-8, Garanel
aquaforti. Rare.   3 fr.
1325 — In-8, gr. p. Ferdinand.   1 fr.
1326 — In-fol obl. « Fanchon la vielleuse »,
avec l'abbé de Lattaignant, scène de théâ-
tre. Rare.   3 fr.
1327 **Le Gros** (Nic.), Chan. de Reims, 1675-
1751. In-fol. à mi-corps à g. S. n. d. g. Sup.
ép.   5 fr.
1328 **Le Saige** (Jean), payeur des rentes. In-
fol., Regnesson sc. 1670. Epr. rare avant
l. l., s. m.   4 fr. 50
1329-30 **Le Tellier** (Ch. M.), archev. de Reims,
abbé de Laguy. In-4, Larmessin sc. ; in-fol.
s. n. d. g., à   3 fr.
1331 — In-fol., assis. Edelinck sc. Sup. épr.
de toute fraîcheur.   8 fr.
1332 — In-fol., Nanteuil sc. 1670. Sup. épr.
avec la sign. de Mariette, 1670. Pet. m.
                                          12 fr.
1333 — Gr. in-fol., Nanteuil sc. 1672. Belle
épr.   12 fr.
1334-35 **Linguet** (S. N. H.), Ecriv., né à
Reims, décap. en 1794. In-4 Man. noire
de Haïdi. In-4, St-Aubin sc. 1773. Belle
épr. Pet. m., à   3 fr.
1336 **Mailly** (F. Ch.), Archev. de Reims. In-12.
S. n. d. g.   1 fr.

1337* — Mandement au sujet de la constitution Unigenitus. Reims, 1718, 16 pp. in-4. Rare. 3 fr.

1338* Mémoire des 3 docteurs et curez de Reims contre l'archev. de Reims, 1716. In-4. 1 fr. 50

1339* — Lettre au Roy Louis XV au sujet de son sacre, 1722, p. le Chev. de Mailly. 1722, 4 pp. in-4 dérel. 2 fr. 50

1340 **Monaco** (F. M. de), archev. de Reims, 1593-1651 ; in-8. (Biondi inc.) 1 fr. 50

1341 **Montenay** (Jac. de), archidiacre de Reims. In-4. Suite de Duchesne. 1 fr. 50

1342 **Moreau** (L.), graveur Rémois. Port. du Jésuite L. de Ponte. Pet. in-fol. Sup. épr. 4 fr.

Voyez aussi les nᵒˢ 3627, 5969.

1343 **Nanteuil** (Rob.), grav., né à Reims, 1630-78. In-fol., Edelinck sc. Sup. ép. s. papier fort. 4 fr. 50

1344 **PORTRAITS PAR NANTEUIL. Bartillat** (Jehannot de), Garde du Trésor royal, 1609-1701. In-fol., Nanteuil sc., 1666. Belle ép. avant les chiffres. 12 fr.

1345 **Benoise** (Ch. de), Cons. au Parlem. de Paris. In-fol., Nanteuil sc., 1651, avant l. l. 4 fr. 50

1346 **Bochart de Champigny**, chan. de N.-D. In-fol., Nanteuil fec 3 fr.

1347 **Du Puy** (P.), Bibl. du roi, 1581-1651. In-8, Nanteuil sc. 3 fr.

1348 — In-4 obl., avec son frère Jacques. 5 fr.

1349 **Feret** (Hipp.), curé de St-Nic. de Chardonnet, 1610-77. In-fol., Nanteuil sc., 1669, pet. m. 6 fr.

1350 **Lotin de Charny** (F.), Cons. au Parlem., 1632. In-fol., Nanteuil sc. Sup. épr. s. m. 5 fr.

1351 **Morin** (D.), Seign. de la Chateigueraye, intend. des finances, 1600-78. In-fol., Nanteuil sc., 1661. 5 fr.

1352 **Steenberghen** (J.-B. van), Cons. au Parlem. de Bruxelles. In-fol., Nanteuil sc., 1668. Sup. ép., marges. 12 fr.

1353 **Thévenin** (A.), chan. de l'Egl. de Paris. In-fol., Nanteuil sc., 1657. 4 fr. 50
Pour d'autres portraits gr. p. Nanteuil, les Nᵒˢ 432, 446, 847, 970, 1077, 1085, 1086, 1087, 1181, 1233, 1242, 1300, 1301, 1323, 1332, 1333, 1354, 1359, 1446, 1533, 2464, 2946, 3400 (Payen), 4454, 4528, 4997, 5068, 5074, 5123, 5124, 5206, 5454, 5532, 6493, 6201, 6204.

1354 **Paris d'Orléans** (Charles). Comte de Saint-Pol. Paris, abbé de St-Rémi de Reims, 1649-72. in-fol., Nanteuil sc., 1660. Belle ép. s. m. 4 fr. 50

1355 **Rousse** (G.), chan. d'Avenai, né à Hauteville pr. de Reims, 1675-1727. In-12, Mathey sc. 0 fr. 50

1356 — In-4, Desrochers sc. : g. in-4, beau portr. s. n. d. g., à 2 fr.

1357 — In-4, man. noirc. Rare. 3 fr.

1358 **Savoie** (H. de), duc de Nemours et d'Aumale, archev. de Reims, 1625-59. In-fol., buste à dr., A. Mellan sc., s. m. 2 fr.

1359 — In-fol., Nanteuil sc. Belle ép. s. m. 6 fr.

1360 **Sutaine** (P.), abbé de Ste-Gen., né à Reims, 1633-1736. In-fol., Daullé sc., 1738. Belle épr. 5 fr.

1361 — Même portr., sup. épr., gr. marges. 7 fr.

1362 **Talleyrand-Périgord** (A. A. de). Parisien, archev. de Reims, puis de Paris, 1766-1821. In-fol., lith. de Motte. 2 fr.

1363 — In-fol. lith de Langlumé. Sup. ép., t. m., rare. 2 fr. 50

1364 **Tronson** (L.), né à Reims, Sulpic., mort en 1700. In-fol., Duflos sc. Beau. 4 fr.

1365 — Gr. in-fol., gr. p. Duflos. 3 fr. 50
Pour d'autres portraits relatifs à Reims, voyez aussi les Nᵒˢ 1605, 2404 (Alan), 4482, 4523, 4539, 4560, 5122, 5150, 5178, 5382, 5394, 5511, 5542, 5576, 5928.
Rethel. Voyez Nᵒˢ 3893, 5050.

1366 **ROBECOURT. Sève** (Fr. de), Prieur de Champagne, mort à Volenas, Command. de Robecourt. In-4, Montcornet exc. 2 fr. 50
Rue (Ard.). Voyez Nᵒ 4709.
Ste-Menehould. Voyez Nᵒˢ 784, 5050.

1367 **ST-THIERRY. Bailly** (Guill.), abbé de St.-Thierry, avoc. gén. au Gr. Conseil, mort 1646. Gr. in-fol., P. Simon sc., 1607. Sup. épr. 15 fr.

1368 **SEDAN** (Plan de) p. De Fer, ép. gr. en Allem. v. 1640. In-4 obl., 2 pl. 1 fr. 50

1369 — Carte de la souver. de Sedan, p. Blaeu. 1 fr. 50

1370 **Estagniol** (N. L. Comte d'), né à Sedan, dép. en 1789. In-4, Combe sc. Beau. 2 fr.

1371 **Macdonald** (E. J. Al.), duc de Tarente, né à Sedan, 1765-1831. In-8. Couché sc. 0 fr. 50

1372 — In-4, Sasso inc. Très rare. 4 fr.

1373 — Imp. in-fol. gr. par Maradan. Magn. épr. avant l. l. 30 fr.

1374 **Turenne** (H. de la Tour d'Auv., vic. de), Comte de Negrepelice, Vic. de Chastillon, Baron d'Oliergues et de Clarens, né à Sedan, mort à Sasbach en 1675. In-8, lith. de Delpech. 0 fr. 50

1375-76 — In-8, Schley sc. ; Garnier sc., à 1 fr.

1377-81 — In-4, Dupin sc. Même portr. avec le cart. de Babel. In-4, Mérian sc.; in-4, s. n. d. g. Beau portr. s. m. In-4, Moncornet sc., à 2 fr.

1382-83 — In-4. Beau portr. holl. s. n. d. g. In-4, Daret sc., à 3 fr.

1384-86 — In-4 dans un octog., Moncornet sc. In-8, Marcenay sc. In-4 (Petitot). Sup. épr. avant l. l., à 4 fr.

1387 — Siège de Turin 1640, par le Maréch. de Turenne, grav. de l'ép., in-fol. obl., gr. en Allem.   3 fr.

1388 — Mort de Turenne. 3 grav. différ. p. Blanchard, Ghendt et Prevot, in-8 et in-4.   3 fr. 50

1389 **Turenne** (Godef. Ch. II. de la Tour d'Auv., Prince de), 1728-92. Cochin sc., in-4. Sup. épr. avant le nom du grav. 6 fr.

1390-91 **La Tour d'Auvergne** (Em. Théod. de), duc d'Albret, card. de Bouillon. Médaille gr. p. Normand, t. m. In-4, Dumout sc., à   1 fr. 50

1392-93 — In-4, Ballin sc. ; in-4, Larmessin sc., à   2 fr.

1394 — Gr. in-fol., Drevet sc. Tr. pet. m. Raccom.   2 fr. 50

1395 — Gr. in-fol., Nanteuil sc. Beau. 12 fr.

1396 — In-fol. Fig. ent. assis, gr. p. Preisler d'ap. Rigaud en 1744. Sup. épr., pet. m.   10 fr.

Pour d'autres portraits relatifs à Sedan, voyez les N. 2261, 4633, 5419, 5455, 5595.

1397 **SENS.** Le Massacre fait à Sens en 1562. Gr. in-fol. obl. Pièce rare gr. par Périssin en 1570. Rare.   12 fr.

1398 — La même pièce, plus petite, gr. p. Hogenberg. Coloriée à l'ép.   2 fr.

1399 **Boileau** (J.), Parisien, gr. vic. de Sens. 1655-1726. In-8, Desrochers exc.   2 fr.

1400-1 **Bouthilier de Chavigny** (D. Fr.), év. de Troyes, archev. de Sens. In-4, coll. Desrochers, en 2 manières, à   2 fr.

1402 — In-fol., Jollain sc., 1679. Rare, s. m.   4 fr.

1403 **Burlugay** (J.), Paris., théolog. à Sens, 1635-1707 In-8 s. n. d. g., rare.   2 fr. 50

1404 **Des Ursins** (G. Juvénal). Parisien, bailli de Sens, lieut.-gén de Dauphiné, mort 1472. In-4, François sc.   2 fr.

1405 **Du Hamel** (H.), chan. de N.-D., curé de St-Maurice pr. de Sens. In-4, Desrochers.   2 fr.

1406 **Fortin de la Hoguette** (Hard.), archev. de Sens. Pet. in-fol., Habert sc. Rare. 5 fr.

1407 **Huré** (Ch.), Acolythe de Sens. Princ. du Coll. de Boncourt à P., né à Champigny-s-Y. 1639-1717. In-4. Desrochers sc. 2 fr.

1408 — In-fol., N. V. Diacon Rothom. del., 1715.   4 fr.

1409 — Même portr., marges coupées. 1 fr.

1410 — Même portr. Magn. épr. avant les mots : « Erat vir... ».   5 fr. 50

1411 **Loménie de Brienne** (Card. de), archev. de Sens, avant év. de Condom, archev. de Toulouse, 1727-94. In-fol., lith. Maurin.   1 fr. 50

1412 **Qnéras** (M.), Vic gén. de Sens. Prieur de St-Quentin, de Troyes. 1624-95. In-fol., Habert sc. Très rare.   4 fr. 50

1413 **Varet** (Al.), Paris., Vic. gén. de Sens, mort 1676. In-8, Gantrel sc. : in-4, Desrochers, à   2 fr.

1414* **Mandement** de l'archev. de Sens (Gondrin), pour les prières de 40 heures. 1632. 3 pp. in-4, n. r.   1 fr. 60

Pour d'autres portraits relatifs à Sens, voyez les N°* 509, 735, 1494, 2361, 4059, 4222, 4552, 5154, 5473, 5542, 5666.

1415 **SEZANNE.** Jolie vue p. Cl. Chastillon (vers 1605).   8 fr.

1416 **Brullery de la Brunière**, év. de Mende, né à Sezanne. In-8, assis à dr., avant l. l. Rare.   3 fr.

1417 — In-4, lith. Migeon.   1 fr.

1418 **TRESMES. Potier** (René), duc de Tresmes. In-4. Larmessin sc.   3 fr.

1419 **TROYES** (Plan de). Lalloy del. (v. 1800). In-fol. obl.   1 fr.

1420 — Pet. vue gr. en Allem. v. 1640. 1 fr.

1421 **Bazin** (N.), Graveur Troyen. Portr. de Fr. *Givy*, Minime à Paris, 1634-88. In-12.   2 fr.

1422 — Port. de *St-Jean de Dieu*. in-fol., s. m.   1 fr.

1423 **Bérulle** (P. de), né à Serilly pr. Troyes, Card., 1575-1629. In-fol., assis. (Michel Lasne fec.). Rare.   5 fr.

1424 **Bossuet** (J. B.), abbé de St-Lucien de Beauvais, év. de Troyes en 1716. In-12, (Mathey sc.)   2 fr.

1425-28 **Boulanger** (J.), Graveur Troyen. Portraits de Dom *Barth. des Martyrs*, in-4 ; Inn. de *Calatayerone*, in-8 ; fr. Jean de Ste-Marie, in-4 ; J. J. *Olier*, Sulpicien, in-8 ; A. des *Rivières*, in-4. Chaque portr. à   2 fr.

Autres portraits gr. p. Boulanger, voyez les nos 544, 778, 885, 1688, 2394, 2740, 3312, 5700, 5725.

1429-30 **Calabre** (E.), Dir. du Sém. de Soissons, né à Troyes. 1665-1710. In-12, Le Bas sc. ; Scotin sc., à   1 fr.

1431 — In-fol. N. Tardieu sc. Beau. 4 fr. 50

1432-33 **Caussin** (Nic.), Jésuite, né à Troyes. In-4, Clouvet sc., avec texte ; in-fol. M. Lasne sc., s. m., à   1 fr.

1434 **Charbonnet** (P. M.), Rect. de l'Un. de Paris, né à Troyes, 1733-1815. In-8. Gr. p. Quenedey. Tr. rare.   4 fr. 50

1435 **Cochin**, Grav. Troyen. Resurrection de Lazare d'après Le Titien. In-fol. Rare.   2 fr.

1436 **Cossin**, Grav. Troyen. Portr. d'Ad. *Gambart*, Mission., 1600-68. In-12, L. Cossinus fec. Rare.   2 fr.

Autres portr. gr. p. Cossin. Voyez les n°* 512, 2460, 4487, 5812.

1437 **Crillon** (L. A. N. F. de Balbes-Berton Marq. de), dép. de Troyes en 1789, gr. bailli d'épée de Beauvais. In-8. Joli portr. d. un médaillon rond. Rare.   3 fr. 50

1438 — In-4, Massard sc. 2 fr.

1439 **Dubois** (M.), Curé de Troyes. dép. en 1789, né à Louvrechis (Somme). In-4, Courbe sc. 2 fr.

1440 **Dufêtre** (abbé), né pr. de Lyon, curé à Tours, dess. en chaire à Troyes 1838 p. Betleder. Lith. Collet, in-4. 1 fr. 50

1441 **Girardon** (Fr.), sculpt., né à Troyes, 1627-1715. In-4, Dupin sc. 2 fr.

1442 — In-fol. Duchange sc. Lég. taches. 3 fr.

1443 **Lantages** (Ch. L. de), Prêtre, né à Troyes, mort au Puy, 1616-94. In-8. Gr. p. Dequevauviller. 2 fr.

1444 **Laveaux** (J. Ch. Thibault de), né à Troyes, Inspect. des Hospices, 1749-1827. In-12. Gr. p. Geyser v. 1780, rare. 3 fr.

1445 **Mallier du Houssay** (Fr.). év de Troyes, abbé de St-Pierre à Melun. In-4. Paris, chez Mariette. 3 fr.

1446 — In-fol. Nanteuil sc. Magnif. épr. avant l. l. 18 fr.

1447 **Mergey** (Guy), Chan. de St-Et. à Troyes (16e siècle) Curieux port. in-12, gr. p. Genti. 1 fr. 50

1448 **Mesgrigny** (L. M., Marq. de), né au chât. de Villebertin (Aisne), dép. de Troyes en 1789. In-4, Courbe sc. 2 fr.

1449 **Mignard** (P.), Peintre, né à Troyes. 1610-95. In-4, Desrochers sc. 0 fr. 50

1450 — In-fol., Edelinck sc. 2 fr.

1451 **Passerat** (J.) de Troyes, Poète. 1534-1602. In-24. Pet. port. s. n. d. g. 0 fr. 50

1452 — In-fol., Larmessin sc., avec texte biog. 2 fig. 2 fr.

1453 — In-8, Thom. de Leu sc. Beau et rare. 12 fr.

1454 **Picquet**. Grav. Troyen. Port. de F. *Loubaissin* de Lamarque, âgé de 29 ans en 1617. Pet. portr. fort rare, in-12. 4 fr.

1455 **Pithou** (F.). Sgr. de Bierne, jurisc., né à Troyes, 1544-1621. In-fol., Van Schuppen fec. 1685. Beau. 5 fr.

1456 — In-fol., Larmessin sc. Avec texte biogr. 2 fr.

1457-59 **Pomart** (N.), Curé de St-Medard à P., mort à Troyes 1754. In-8, gr. p. Desrochers en 3 manières. 1 fr. 50

1460 **Primatrice** (Fr.), Peintre à Fontainebleau, abbé de St-Martin de Troyes. In-fol., Boulonnois sc., avec texte. 1 fr. 50

1461-62 **Scotin**. Grav. Troyen. Portr. d'Elie *Arrillon*, Minime, in-8 ; Fr. *Binet*, Minime, in-4, à 2 fr.

1463 **Pancatelin** (Marguerite), Supér. des Hôpit. de Paris. In-8. Très-rare. 4 fr.

Voyez aussi n° 1023, 2825, 3973, 3957.

Pour d'autres portraits relatifs à Troyes, voyez les n° 1012, 1031, 1400, 1412, 2609, 2750, 1552, 5794.

Tugny (Ardennes). Voyez n° 4314.

1464 **VASSY** (Massacre à) en 1572. Grav. de l'époque p. Hogenbert, coloriée. 1 fr. 50

1464 *bis* **Jacquelot** (Isaac), né à Vassy, Pasteur prot. à Berlin. 1647-1708. In-12, Picard sc. 1715. 2 fr.

1465 **VITRY-le-FR**. Vue p. Peeters, in-4 obl. 1 fr.

1465 *bis* **Formey** (J. H. S.), Pasteur à Berlin, né à Vitry, 1711-97. In-8, gr. p. Berger d'apr. Chodowiecki. 3 fr.

Voyez le n°2705.

Corse.

1466 **Réunion** de 2 cartes de la Corse, p. Blaeu et Seutter. Gr. in-fol. et in-4. 2 fr.

1467 **Paoli** (Pascal de). Collection de 5 portraits forts rares, in-4, gravés à l'étranger p. Will, Nilson. Bonnet (en costume national). Nordheim et Sasso (ce dernier tr. rare). Ensemble. 15 fr.

1468 **Exposé** des faits qui ont précédé et occasionné l'envoi fait par N. S. P. le Pape Clément XIII d'un vic. apost. d. l'isle de Corse, 1760. 15 pp. in-4. Rare. 3 fr.

1469 **Descr.** en Allem. d'une médaille du Roi Théod. de Corse, avec sa biogr. 7 pp. in-4 déret. 1 fr. 50

1470 **Sebastiani** (Hor. de), général, né en Corse, 1775-1851. Gr. in-fol., Landelle sc. Sup. ép. 10 fr.

Voyez aussi Nos 1584, 4832.

Dauphiné.

1471 **Description** partic. de la France, gouvernem. du Dauphiné, par La Borde. Collect. de 45 belles pl. (71 vues). gr. p. Fessard et Née, en feuilles non rognées 29 des pl. sont avant l. l. 12 fr.

1472 **La Rencontre** de deux armées françoises faicte au passage de la rivière du Rhosne en Dauphiné, 1570. Grav. de l'époque p. Hogenberg, coloriée. 2 fr.

1473 **Bayard** (P. du Terrail, Sgr de), 1476-1524. Pet. in-fol. gr. p. Ridé d'ap. Sergent. imp. en couleurs avec une scène, continence de Bayard. 2 p., ensemble. 9 fr.

1474 **Du Puy** (Raym.), Dauphinois, gr. M. de Malte. In-8, M. v. Lochon sc. 3 fr.

1475 **Finé** (Oronce). Sgr de Champ-Rouet, mathém., né pr. de Briançon, 1494-1555. In-4. Paris, chez Boissevin. 3 fr.

1476 **Gaston**, gentilh. dauphinois, fondat. d'ordre en 1095. In-12. M. v. Lochon exc. 3 fr.

1477 **La Feuillade** (Fr. d'Aubusson, duc de), gouv. du Dauphiné. In-4, Gaillard sc., avec le joli cartouche de Babel. 3 fr.

1478 — Repr   s. de la pl. des Victoires à P., où le Maréch. de la Feuillade a fait ériger un monum. Est. allem. de l'ép., in-fol. obl.   4 fr.

1479-81' — Descript. en allem. de div. méd. relatives a la Feuillade. 3 broch. in-4, 1741. à   1 fr. 50

1482 **Marron** (P. H.), né à Leyde de parents dauphinois, past. protest. à Paris, ami de Mirabeau. In-fol., Jouxis sc., t. m.   5 fr.

1483 — In-fol., gr. p. Hulk, 1810. Beau.   3 fr.

1484 **Orléans** (L. Phil. duc d'), 1725-85, gouv. du Dauphiné. In-4, gr. p. Vispré en man. noire.   5 fr.

1485 — Pet. in-fol., portr. allég. gr. p. St-Aubin.   6 fr.

1486 — In-4, pour le sacre de Louis XVI, gr. p. Patas.   3 fr.

1487 **Virieu** (F. H. de), dép. du Dauph. en 1789, fusillé à Lyon 1793. In-8, caricature rare, représ. M. de Virieu tombant de son fauteuil.   4 fr.

1488 **Ordre** donné par le Prince de Hesse-Hombourg à son quartier général de Saint-Vallier, le 4 avril 1814. Affiche gr. in-fol.   3 fr.

Pour d'autres portraits de Dauphinois, voyez aussi les n°s 1404, 4360, 4214, 4039.

1489 **EMBRUN. Eux** (Bertr. d'), né pr. d'Uzès, archev. d'Embrun, mort à Avignon. In-8 s. n. d. g. (18e siècle).   2 fr.

1490 — In-4. Suite Duchesne.   0 fr. 50

1491 **Mandagout** (G., Card. de). Prev. de l'égl. de Toulouse, archidiacre de Nîmes, archev. d'Embrun. In-4. Suite Duchesne.   0 fr. 50

1492 — In-8, s. n. d. g.   2 fr.

1493 **Suze** (Barth. de), év. de Sisteron, archev. d'Embrun. In-4. Suite de Duchesne.   1 fr.

1494 **Tencin** (P. de Guerin, Card. de), né à Grenoble. gr. vic. de Sens, archev. d'Embrun. de Lyon, 1680-1758, gr. in-fol., Parrocel pinx., Will sc. Beau.   12 fr.

1495 — Même portr., épr. trottée.   4 fr.

1496 — In-fol., Heilmann pinx., Will sc.   10 fr.

1497 **GRENOBLE**. Pet. vue rare, in-8 obl., par Vallegio. (1572).   3 fr. 50

1498 — Plan par de Fer.   1 fr.

1499 — Pet. vue gr. en Allem. v. 1640. 1 fr.

1500 — Pie VII amené prisonnier d. la ville de Grenoble et reçu en triomphe par les habitants. 1799, gr. in-fol. obl. Belle grav. par Mochetti.   10 fr.

1500 bis **Bruno** (Saint), fondateur de l'Ordre des Chartreux. Belle collection de 5 portraits rares gr. par Sadeler. Palomo, Bazin, et 2 bois du 15e siècle. In-4 et in-fol. 8 fr.

1501 **Bruillard** (Ph. de). de Dijon, év. de Grenoble, lith. Motte.   1 fr.

1501 bis — In-fol., dess. par Déveria, gr. par Madem. Coignet.   2 fr.

1502 **Chartrousse** (Mgr), év. de Grenoble et de Valence, 3 lithogr. par Alophe, Challois, etc.   1 fr. 50

1503 **Créquy** (Charles, Sire de) et de Canaples, duc de Lesdiguières, gouvern. du Dauphiné, 1573-1638. In-4, M. Lasne sc. (Odieuvre).   2 fr.

1504 — In-fol., Cl. Mellan sc. 1633. Rare.   5 fr.

1505 **Créquy** (Ch. de) et de Canaples, mort devant Chambéry en 1630. In-4, M. Lasne sc., à l'âge de 25 ans. ans. Rare.   8 fr.

1506-7 **Expilly** (Cl. d'), Prés. au Parlem. de Grenoble, né à Voiron, prem. Prés. au Parlem. de Chambéry, 1561-1636. In-24, s. n. d. g. ; in-12, texte au verso, à   0 fr. 50

1508 — In-8, Th. de Leu sc., 1596. Sup. épr.   20 fr.

1509 **Guttin** (M.), chan. hon. de Grenoble, curé de St-Maur de Vienne. In-fol., lith. Alophe.   1 fr.

1510 **Hiere** (Cl. d'), dir. du gr. sémin., 1757-1830 In-12, s. n. d. g., s. m. 0 fr. 50

1511 **Lagrée** (P. de), curé de Gren., 1761-1835. In-4, lithogr.   1 fr.

1512 **Le Camus** (Et.), Parisien, év. de Grenoble, 1632-1707. In-4, s. n. d. g. (Habert), s. m.   1 fr.

1513 — In-12, Rouillet sc.   2 fr.

1514 — Sup. épr. avant la l.   4 fr.

1515-16 — In-4, Habert sc. ; in-4, Blondeau sc., à   3 fr.

1517 — Gr. in-fol., Thomassin sc. Beau.   10 fr.

1518 **Lesdiguières** (Fr. de Bonne, duc de), gouv. du Dauph . mort à Valence, 1543-1626. In-4, Desrochers sc.   2 fr.

1519 — In-8, Th. de Leu sc. Beau.   15 fr.

1520-21 **Lionne** (H. de), Marq. de Berni, sgr. de Fresne, né à Grenoble, Min., 1611-71, In-8, (gr. p. Aubry) ; in-4 S. n. d. g. (beau). à   2 fr.

1522 **Mably** (Gabr. Bonnot de), née à Grenoble, 1709-85. In-4, Huot sc. Epr. mod. 1 fr.

1523-26 — In-8. Buste à g., s. n. d. g. ; in-8, Duval sc. ; in-8, Ransonnette sc. ; in-8, St-Aubin sc , à   2 fr.

1527 — In-4, Vinsac sc. d'après Pujos. Beau.   4 fr.

1528 — In-fol., gr. p. Alix, en coul.   6 fr.

1529 **St-Priest** (F. E. Guignard de), né à Grenoble. Amb. à Lisb., mort à Lyon, 1735-1821. In-12, rond., dess. p. Quenedey, gr. p. Chrétien. (H. 4).   8 fr.

1530 **Sillinen** (J. de) de Lucerne, év. de Grenoble; in-12, Texier sc. 1 fr. 50

1531 **Spanheim** (F.), Prof. de théol. à Heidell., précept. de 1621-24 des fils du duc de Lesdiguières à Grenoble. In-fol., A. de Blois sc. aet 50. Beau. 4 fr. 50

1532 **Tencin** (Cl. Alexandrine Guérin de), née à Grenoble, 1681-1749. In-16, De Launay sc. 2 fr.

1533 **Wulson de la Colombière** (M. de), Dauphinois, tua sa femme à Grenoble en 1618. In-fol., Chauveau, fig. Nanteuil del., Regnesson sc. 5 fr.
   Pour d'autres portraits relatifs à Grenoble, voyez aussi les nⁿˢ 652, 1494, 2706, 5461, 5347, 3773.

1534 **GAP. Delacroix d'Azolette** (N. Aug.), év. de Gap, né à Propières pr. de Lyon 1778. In-4. Beau portr. lith. de Villain. 2 fr.

1535-36 **Depery** (Mgr.), év. de Gap. In-8. Lith. de Becquet; in-8, Taillard sc., à 0 fr. 50

1537 **GRIGNAN. Grignan** (M. de). In-4, gr. p. Johannot. 1 fr. 50
   Voyez aussi n° 1307.

1538 **LIVERON PR. DE VALENCE.** Pie (Fr.), âgé de 28 ans, grenadier du 74e régim., blessé à l'affaire du 30 avril 1792 entre Mons et Valenciennes In-4, dess. p. Momal, gr. p. Janinet, rare. 6 fr.

1539-40 **MONTÉLIMAR. Genoude** (M. de), né à Montélimar, m. à Marseille. dép. de la Hte-Gar. In-8. Lith. Bayalos; lith. Colard, à 1 fr.

1541-42 — In-4. Lith. Castille; lith. Legrand 1841, à 1 fr. 50

1543 — In-4. Lith. Guillet, 2 épr. dont 1 sup. avant l. l 3 fr.

1544 **ROMANS.** Pet. vue fort rare, in-8 obl., gr. p. Vallegio 1572. 3 fr.

1545 — Autre vue, in-8 obl., gr. p. Furck 1600. 2 fr.

1546-47 **Le Vachet** (J. Ant.). Prêtre de Romans, 1603-81. In-4, Noblin sc.; in-8, Trouvain sc., à 3 fr.

1548 **Servan** (Jos.), né à Romans. Min. d. l. guerre, mort 1810. In-8, Claessens sc. 2 fr.

1549 **ST-RUF. Serclier** (Jude). Chan. de l'Ordre de St-Ruf, âgé de 41 ans. In-8, Sarret fec. vers 1600. Sup. épr. de la pl. gr. rareté. 15 fr.

1550 **SUZE. Suze** (La comtesse de la), charmante vign. gr. p. Ponce 1774, texte au verso. 2 fr.

1551 **Suze** (La marquise de la). In-12, dess. par Quenedey et gr. p. Chrétien. (E. 75). Rare. 10 fr.
   Voyez aussi le n° 1159.

1552 **VALENCE.** Mort du gouvern. Mottegoudrin, le 25 avril 1562. Estampe de l'ép. gr. p. Hogenberg, coloriée. 2 fr.
   Voyez aussi les nⁿˢ 1502, 1518, 4206, 4411.

1553 **VIENNE.** Pet. vue rare; in-8 obl., gr. p. Fucck 1600. 2 fr.

1554 **Chaponay** (H. de), Sᵍʳ de l'Isle, de Mean, Beauregard, la Chartonnière, Lieut. gén. à Vienne et à Lyon. In-fol. Michel Lasne de 1634. Excess. rare. 15 fr.

1555-56 **Du Contant de la Molette** (abbé), vic. gén. de Vienne, né à la Côte St-André, exéc. en 1793. In-8, Patas sc., en deux épr., à 2 fr. 50

1557 **Guy de Bourgogne,** Pape s. l. n. de Caliste II, archev. de Vienne en 1083. In-8, L. G. Th. sc. 1787. 2 fr.

1558 **Le Franc de Pompignan** (J. G.), archev. de Vienne, év. du Puy, né à Montauban, 1715-90. In-8, s. n. d. g. Portr. rare, gr. au bistre. 3 fr.

1559 — In-4, Sergent exc. 4 fr.

1560 **Reymond** (H.), év. de Dijon, Prof. à Valence, né en 1737 à Vienne. In-4. Buste à g., au bas les armes. P. J. G. sc. Très rare. 4 fr.

1561 **Villars** (P. de), coadj. d'Agen, archev. de Vienne en 1626. In-fol. Humbelot sc. Epr. avant l. l., rare, s. m. 8 fr.
   Voyez aussi les nᵒˢ 1509, 2383, 2427, 4847, 5791.

Flandre.

1562 **Carte** de la Flandre, auct. M. Doue. Gr. in-fol., Blaeu. 1 fr. 50
   Voy. aussi N° 4959, 5638.

1563 **ARMENTIÈRES** (Siège d') en 1647, grav. allem. In-fol. obl. 3 fr.

1564 — (Vue et plan d'). Magnif. pl. par Vedastus du Plouich, gr. in-fol. obl., descr. au verso. 3 fr.

1565 **AVESNES.** Curieuse pet. vue gr. p. Furck. 1600, in-8 obl. 2 fr.

1566 — Autre vue avec celles de Landrecies, Marienbourg et Chimay, 4 vues s. une pl. gr. in-fol. obl., avec descript. au verso, vers 1600. 3 fr.

1567-68 **Blois** (Fr. L. de), Bénéd. du couv de Liesse pr. d'Avesnes. 1506-66. In-8, M. Van Lochon sc.; in-8 (Hondius sc.), à 2 fr. 50
   Voyez aussi N° 4684, 4690.

1569 **BOURBOURG** (Plan de), gr. p. Bodevehr, in-4 obl. 1 fr.
   Bouvines. Voyez N° 2819.

1570 **CAMBRAI.** Pet. vue in-8 obl., gr. p. Vallegio. 1572. 3 fr.

1571 — Magn. vue gr. in-fol. obl., gr. avec la plus gr. finesse v. 1600. Au verso le texte descr. 5 fr.

1572 **Belmas** (L.), né en 1757 à Montréal (Aude), év. de Carcassonne, puis de Cambrai. In-fol., dess. et gr. en 1805 p. Momal, portr. très rare en belle épr. 8 fr.

1573-5 — In-fol., lithogr. de Demoussy; lith.
de L. Beau; lith. de Noël, à   2 fr.
1576 **Bergaigne** (Jos.), Franciscain, archev.
de Cambrai. In-4, Th. a Thulden del., J.
Neeffs sculp. Beau.   4 fr.
1577 — In-4, P. de Iode exc.   2 fr. 50
1578 — Même portr., gr. marge.   3 fr. 50
1579 — In-4, s. n. d. g., s. m.   0 fr. 50
1580 — In-4. Beau portr. gr. à l'eau-forte,
s. n. d. g.   5 fr.
1581 — In-fol., comme légat en 1648. P.
Pontius sc., s. m.   4 fr.
1582 **Buisseret** (Fr.), év. de Namur, archev.
de Cambrai, né à Mons 1549-1615. In-4,
Desrochers.   1 fr. 50
1583 **Dubois** (Ch.) de Brive la-Gaillarde, abbé
de Saint-Just, archev. de Cambrai 1656-
1723. In-12. Divers portraits, à   0 fr. 50
1584 **Dumouriez** (Ch. F. Dupérier) de Cambrai, Gouv. de Cherbourg, gén. en Corse,
gén. de Gustave III de Suède, 1739-1823.
In-12, en rond. Paris, chez Villeneuve.
Beau.   6 fr.
1585 — In-12, en rond, dess. et gr. p. Quenedey (P. 2). Sup. épr.   7 fr. 50
1586 — In-8, Bertonnier sc.   0 fr. 50
1587 — In-4, Forestier sc.   1 fr. 50
1588 — In-8, Claessens sc.   2 fr.
1589 — In-4, fig. ent., Sasso inc. Rare. 5 fr.
1590 — « Le Sauveur de la Belgique ». Caricature fort rare de la Révolution, publ. à
Paris chez Villeneuve, gr. au bistre et
reprềs. Dumouriez l'épéc à la main cou-
rant sur les cadavres de ses soldats ; au-
dessus, le Génie de la Renommée sonne
de la trompette d'une façon fort indécente.
          35 fr.
1591 **Estay de Bologne**, Chan. de Cambrai.
Pet. in-fol. s. n. d. s. Buste dir. à g.; inscr.
manuscr. Très rare.   4 fr.
1592 **Estourmel** (L. M. Marquis d'), Baron de
Cappy, dép. de Cambrai en 1789. In-8,
buste à g. Charmant portr. Rare.   5 fr.
1593-95 **Latomus** (Jac.). Doct. de Louvain,
chan. de Cambrai, 1475-1544. In-4 avec 4
vers lat. en 2 manières ; in-8, Boissard sc
à   2 fr.
1596 **Monstrelet** (Enguerrand de), Prévôt de
Cambrai, 1390-1453. In-4, Larmessin sc.,
avec texte au verso.   1 fr. 50
1597 **Nemius** (Gasp.), archev. de Cambrai,
év. d'Anvers, mort 1667. In-8, P. de Iode
sculp. Rare   3 fr. 50
1598 — In-fol. J. Neeffs sculp. Belle épr. s.
m.   4 fr.
1599 **Orléans de St-Albin** (Ch. d'), Parisien,
év. de Laon en 1722, archev. de Cambrai
en 1723. In-8, Desrochers fec., s m 1 fr. 50
1600 — In-fol. Buste a g , en haut un
amour tenant une croix et une crosse, au

bas les armes. S. n. d. g. avant l. l. (Cars).
Rare.   10 fr.
1601 — Gr. in-fol , gr. par Schmidt. Beau.
          12 fr.
1602 — Remontrances, arrêts du Parlement,
bulles, etc., pour et contre l'archev. de
Cambrai, au sujet de la Bulle Unigenitus,
1734-37, 7 plaquettes in-4   3 fr. 50
1603 — Mandement de l'év. de Laon pour
ord. des prières pour le repos de l'âme de
Phil. d'Orléans, 4 pp. in-4.   1 fr. 50
1604 **Scey-Montbéliard** (J. B. C. de), abbé
de St-André de Clermont et de N.-D. de
Girmont, vic. de Cambrai, chan. de St-
Pierre de Mâcon. In-fol. Beyssent sc. 1770,
sup. épr., très rare.   18 fr.
1605 **Sorbon** (Rob.), né pr. de Reims, chan.
de Cambrai, fond. de la Sorbonne, 1201-
74, in-4, Moncornet sc.   1 fr. 50
1606 **Standonch** (J.), né à Malines, vic.-gén.
de Cambrai, Doct. de Sorbonne, 1443-
1544. In-fol. Guiard sculpt.   3 fr.
1607 **Van d. Burch** (Fr.), né à Gand 1567,
archev. de Cambrai. In-8, lith. Robaut
avec chronogr.   0 fr. 50
1608 — In-fol. S. n. d. g. Portr. anc. 2 fr.
          Voyez aussi les numéros 2518, 2679.
1609 **CASSEL**. Magnif. vue p. Vedastus du
Plouich, gr. in-fol. obl. avec texte descr.
          4 fr. 50
1610 **CATEAU-CAMBRESIS.** Mortier (E.
A. C. J.). duc de Trévise, Maréch. de Fr.
In-4, Gabriel sc., beau; in-4, Tardieu sc.
à   2 fr.
1611 — In-fol. A cheval. *Paris, chez Jean.*
          3 fr.
1612 — Gr in-fol. gr. p. Charon, sup. épr.
          10 fr.
1613 — Mort du duc de Trévise, le 28 juill.
1835; grav. allem. de l'ép. en couleurs.
Rare.   4 fr. 50
1614 — Même événement, gr. p. Roemhild;
au bas la fig. de la Machine infernale.
Déchir à d.   2 fr.
1615 **CONDÉ** (Pl. de), p. Schenck, in-4 obl.
          0 fr. 50
1616 — (Pl. de), p. de Fer, 1695.   1 fr.
1618 — Capitulation de Condé en 1793, grav.
allem. de l'ép., col. In-fol. obl.   3 fr.
1619 **DOUAI**. Magnif. vue gr. in-fol. obl.,
gr. vers 1600, avec texte descr. au verso.
          4 fr.
1620 — Plans et vues de Douai, gr. en 1710.
Réunion de 7 p pet in-fol. obl., gr. en
Allemagne p. Bodenehr. Ensemble   5 fr.
1621 — Les mêmes plans, 4 pièces.   3 fr.
1622 **Bel** (H.), gardien du couv. des Francisc.
à Douai, martyrisé à Londres 1647. In-8,
gr. p. Richardson. 1793. Beau et rare.
          3 fr.

1623 Biscot (Madem. Jeanne), fondatrice des filles de Ste-Agnès à Arras, et de la Ste-Famille de Douai, 1601-64. In-8. Joli portr. gr. p Langlois. Rare. 5 fr.

1624-25 Calonne (Ch. A. de), de Douai, cont. gén des finances In-8. Curieux port en forme de silhouette; in-fol. Duplessis-Bertaux, sc., à 3 fr.

1626-28 Dulaurens (abbé), de Douai ; Boetius Epo, juriscons. à Douai ; Jac. Revardus, jurisc. à Douai ; 3 portr , à 0 fr. 50

1629 Estius (Guill.), prévôt de l'égl de St-Pierre à Douai, 1542-1613. In-24. (Azelt, sc.). 0 fr. 50

1630-31 — In-8, Montcornet sc. 1657 ; in-12 M. Bas sc. ; texte au verso, à 2 fr.

1632 Galenus (M.), chancel. de l'Un. de Douai, 1526-73. In-24, (Azelt, sc.). 0 fr. 50

1633 — In-8. (Hondius, sc). Beau 2 fr. 50

1634 Heath (Paulus a Sta-Magdalena alias), gardien du Couv. des Francisc. à Douai, martyr à Londres ; 1643, in-8, portr. fort rare de l'ép.; il est représ. un couteau d. l. poitrine. 6 fr

1635 Le Grand (Ant.), méd à Douai. In-4, Boener, sc. Norib. Rare. 3 fr. 50

1636 Sylvius (Franç. ou du Bois), chan. à Douai, 1600-69. In-4, Jongelinx, sc. Beau. 4 fr.

1637 Woodcocke (Mart.), Franciscain du Couv. de Douai, martyr. à Lancaster. In-8, port. fort rare, gr. v. 1650. 6 fr.
Voyez aussi numéros 513, 1659.

1638 DUNKERQUE. Réunion de 3 plans gr. vers 1713, par Bodenehr. in-fol. obl. 3 fr.

1639 — Réunion de 5 plans et cartes par Merian, de Schenck, Loon, Bodenehr. 3 fr.

1640 — Le siège de Dunkerque en 1646, grav. allem. de l'époque, in-fol. obl. 3 fr.

1641 — Vue de Dunkerque, in-fol. obl., gr p. Léopold. Beau et rare. 3 fr. 50

1642 — Plan et vues (du côté nord et sud). Magnif. planches gr. in-fol. obl., dess. p. Vedastus de Plouich, vers 1630, avec texte descript. 5 fr.

1643 — Plan de la ville de Dunkerque et de ses attaques en 1646, gr. in-fol. obl., belle pl. ; au premier plan, l'escadre de l'amiral Tromp. 5 fr.

1644 — Vue de Dunkerque du côté de la mer, dédiée au duc de Penthièvre par Taverne de Renescure, gr. p. Duflos., gr. in-fol. obl. Rare. 10 fr.

1645 — Pourtraict de la fameuse ville de Duyuckercke faict par le capitaine P. Codde. Magnif. vue gr. in-fol. obl. avec de pet. vues de Calais, Gravelines, etc.; texte descr. au verso. Très rare. 4 fr. 50

1646 Barentin (Charl. Hon.), luteud. à Dunkerque en 1698: gr. in-fol., Gantrel sc. Magnifique épr. de ce beau et rare port. 16 fr.

1647 Bart (J.). In-4, curieuse grav. p. Poirier de Dunkerque, représ. l'inauguration de sa statue en 1806; t. m. 1 fr.

1648 — Sa statue, gr. p. Desmaretz et Couché, t. m. 1 fr.

1649 Bertius (P.), Profess. à Dunkerque pend. 6 ans. In-fol. Larmessin sc., avec texte biogr. 2 fr.

1650 Poirier (L.-E.), de Dunkerque, avocat à Paris. In-12, en rond, gr. p. Chrétien en 1810. Charmant port. en couleurs. 10 fr.

1651 Rantzau (Jos. Comte de), Gouvern. de Dunkerque en 1646; in-8, Montcornet exc. Epr. avant l. l. 3 fr.

1652 GRAVELINES (Plans de), p. Schenck, Bodenehr, De Fer, à 1 fr.

1653 — (Le siège de) en 1644. Grav. allem. avec l'explic. et les noms de La Meilleraye, Rantzau, Gassion. 3 fr.

1654 — Le même siège. Sup. pl. gr. in-fol. obl., par le S. de Langres, avec texte descr. et les noms de la Ferté-Imbault, Estrées, La Feuillade, Rambures, Nangis, Brézé, etc. 5 fr.

1655 — Magnif. plan et vue de Gravelines, gr. in-fol. obl., gr. v. 1540; texte descr. au verso. 4 fr.

1655 bis — Portr. de Lady **Warner**, en religion Sœur Claire de Jésus, religieuse clar. d. l. couv. de Gravelines, 1637-70. In 8, p. Van Schuppen, fec. 1690. Exc. rare. Sup. épr. s. m. 10 fr.
Voyez aussi n° 1645.

1656 HALLUIN. Du Bois (P.), curé d'Halluin, 1616-96. In-8, s. n. d. g. (Madel. Masson). 2 fr.

1657 HAZEBROUCK. Belle vue, avec celles de Merville, Waeteue, Estaires, dess. p. Ved. de Plouich v. 1640 ; gr. in-fol. obl. 3 fr.

1658 LA BASSÉE Port. du grav. L. **Boilly** et d'Alphonse Boilly. 3 portr., rare, in-fol. Lith. de Delpech et de Villain, dont 1 avant l. l. 4 fr.

1659 LANDRÉCIES (Levée du siège de) par le prince Eugène ; grav. fort curieuse en forme de « l'œil trompé », avec la prise de Marchiennes, de Douai, du Quesnoy, la bataille de Denain gagnée par Villars et Montesquiou. In-fol. Paris, Demortain, 1712. 6 fr.

1660 — Prise de Landrécies le 31 avril 1794. 2 grav. allem. des plus curieuses. In-fol. obl., gr. p. Will, à 3 fr.

1661 — Même siège, grav. coloriée, gr. en Allem. 3 fr.

1664 LILLE. Pet. vue fort rare, gr. p. Vallegio v. 1572, in-8 obl. 3 fr.

1665 — Magnif. vue gr. in-fol. (gr. p. Vedastus de Plouich), avec texte descriptif. 4 fr.

1666 — Plans et vues de Lille, gr. p. Bodenehr v. 1708. 4 pl. différ., in-4 obl., rares.
3 fr. 50
1667 — Plan p. N. de Fer.   1 fr.
1668-70 **Baudius** (Dom.) né à Lille, savant,
1561-1613. In-4 (Azelt sc.); in-8 s. n. d. g.,
texte au v.; in-12 idem, à   0 fr. 50
1671 — In-4, portr. italien avec biogr. 2 fr.
1672 **Bourignon** (Antoinette). Mystique à
Strasb. et en Hollande, née à Lille 1616-80.
In-12, Schmidt sculp.   3 fr.
1673 **Carondelet** (Fr. Louis de), dép. de Lille
en 1789, né au chât. de Thumeries, 1753-
1833. In-4. Levachez sc.; t. m.   4 fr.
1674 — Même portr.; sup. ép. avant la l.
5 fr.
1675 **Commines** (Phil. de), né pr. de Lille,
chroniqu. In-24. (Azelt sc.)   0 fr. 50
1676 — In-fol. Larmessin fec., avec biogr.
2 fr.
1677 **Du Chambge** (P. J.) Baron d'Elbhecq de
de Lille, mort à St-Jean de Luz, 1733-93.
In-4. Beljambe sc.   2 fr.
1678 **Humières** (Louis de Crevant de), né à
Azay-le-Ferron (Indre), marq. de Monchy,
baron de Preuilly, Chatelmontaigue, Con-
dun, Asay, gouvern. de Lille et Compiè-
gne. In-4, Larmessin sc.   4 fr.
1679 **Laury** (Remy), Prévôt de l'Egl. de St-
Pierre de Lille, vic. gén. de Namur. In-
fol., Edelinck sc. Beau.   8 fr.
1680 **Lannoy** (A. F. comte de), dép. de Lille
en 1789, né à Tournay. In-4, Alix sc. 4 fr.
1681 **Rapheleng** (F.), impr. et sav., gendre
de Plantin, né à Lannoy pr. Lille en 1539.
In-8, texte au v.   0 fr. 50
1682-83 — In-8, buste à dr. s. n. d. g.; in-fol.,
Larmessin sc., avec texte biogr., à   2 fr.
1684 **Sainte-Aldegonde de Genech** (P. F B.
comte de), né à Lille, dép. d'Avesnes en
1789 In-12 en rond, gr. par Quenedey (J.
B.), rare, t. m.   10 fr.
1685 **Saladin** (P. F. J.), né à Beaumont, curé
de la Madel. de Lille. Chan. de Tournay,
massacré à Lille en 1792. Pet. in-fol., s.
n. d. g. De la pl. gr. rareté.   8 fr.
1686 **Speeten** (Servais van der) fondateur du
couv. des Minimes à Lille, 1586-1666. In-4,
Mart. v. d. Enden sc. Rare.   6 fr.
1687 **Tissot** (Hilarion). Fr. hosp., fondat.
d'hospices d'aliénés à Lille, Lyon, Bourg,
Clermont-Ferrand. In-fol., lith. Deshayes,
avec descr.   2 fr.
Voyez aussi N° 2632.
1688 **MARCHIENNES. Haynin** (Fr. Isid. de),
Baron d'Hameliucourt, abbé de Marchiennes. In-fol., J. Boulanger sc., 1664. Magnif.
portr. fort rare, entouré des blasons de
Schoon, Ghistelle, Berghes, Douvrin,
Lannoy, Ognies, Croy, Estourmel, Bail-

lœul, Clèves, La Vieuville, Dauxi, Nedoncel,
Haveskerke.   22 fr.
Voyez aussi n° 1659.

1689 **MARDICK** (Fort). Plan du siège de
1646, dess. par Beaulieu. Sup. pl. gr. in-
fol. obl., avec la descr.   3 fr.
1690 **MAUBEUGE. Hennet** (Fr. Aug. Pompée),
né à Maubeuge, dép. d'Avesnes en 1789.
In-4, Courbe sc.   2 fr.
1691 **Mabusio** (J.), peintre, né à Maubeuge.
In-fol., E. de Boulonois fec., avec texte
biogr.   2 fr.
1692 **ORCHIES** (Jolie vue d'), avec celles de
La Bassée, Lannoy et Commines. 4 vues
sur une pl. avec descr., gr. in-fol. obl. 3 fr.
1693 **QUESNOY** (Siège du) en 1793, grav.
allem. en couleurs. In-fol. obl.   2 fr. 50
1694 — Vue gr. p. Perelle. In-fol. obl.
1 fr.
1695 — Pl. p. de Fer, gr. p. Gournay;
in-fol. obl.   1 fr.
Voyez aussi n° 1659.

1696 **VALENCIENNES.** Magnif. vue gr. in-
fol. obl., gr. v. 1640, avec texte descr. 4 fr.
1697 — Plan p. de Fer.   1 fr.
1698 — Jolie pet. vue gr. p. Furck, 1600.
2 fr.
1699 — Siège et bataille de Valenciennes,
gagnée par les Impériaux sous les ordres
de York, Koburg, Kray, Hohelohe, Clayr-
fait. 2 curieuses grav. in-fol. obl., gr. par
Will. Rares. (Au premier plan le Prince de
Koburg à cheval).   8 fr.
1700 — Lettre d'invit. au bal donné en
l'honneur du Duc de Berry, 1814. In-4.
Rare.   3 fr.
1701 **Froissard** (J.), histor. né pr. de Valenciennes. In-fol., Larmessin sc., avec texte
biogr.   2 fr.
1702 **Verkest** (Hans), maître de camp à Valenciennes. In-8, F. v. d. Wyngaerde exc.
2 fr.
1703 **Watteau** (Ant.), né à Valenciennes,
mort à Nogent. In-4, Lépicié sc. Joli portr.
avec le cartouche de Babel.   3 fr.
1704 — In-4, assis près d'un arbre et lisant.
Belle eau-forte rare, avant t. l.   10 fr.
1705 — In-fol., Watteau couronné par les
muses. Magnifique grav. par F. Boucher.
Etat non décrit, avant l'adresse de Hu-
quier. Rare.   16 fr.
Voyez aussi numéro 1538.

Les numéros **1706-2260** « **BELGIQUE et
HOLLANDE** », *seront publ. par Catalogue
spécial (envoyé gratis et franco sur demande).*

Foix

2261 CARLAT. Bayle (P.), né en 1647, prof. à Sedan. In-12, Michel sc.   1 fr. 50

2262 — Pet. in-fol., Cather. du Chesne fec., manière noire. Rare.   4 fr.

2263 FOIX. Foix (L. Ch. G. de), né à Metz, 1627-58, duc de La Valette et de Candale, gouv. de Bourg., Bresse et Auvergne. Sup. épr. avant les armes.   3 fr.

2264 Foix (Gast. de). In-fol., Guibert sc. 1 fr. Voyez aussi num. 2265, 2833, 6063.

2265-66 PAMIERS. Caulet (F. Et. de), év. de Pamiers, abbé de St-Volusien de Foix, né à Toulouse, 1610-80. In-12 (gr. p. Mathey) ; in-8, Desrochers sc., à   1 fr. 50

2267 — In-fol., N. Habert sc. Sup. épr. Rare.   5 fr.

2268 Fournier (Jac.), év. de Pamiers et Mirepoix, pape s. l. n. de Benoit XII. In-4. Suite de Duchesne.   1 fr.

2269 Ortric (Mgr), év. de Pamiers en 1835. In-4, lith. de Bounet, sourd-muet, à Toulouse.   2 fr.

2270-76 Sponde (H.), né à Mauléon (Gascogne), év. de Pamiers, mort à Toulouse, 1568-1643. In-fol., aagé de 73 ans (Michel Lasne) ; in-fol., M. Lasne sc. ; in-fol., Lubin sc. ; in-4, Montcornet sc. ; in-4, Hiven sc. ; in-4, Daumont exc. ; in-4, s. n. d. g. à   2 fr.

2277-79 — In-fol., Michel Lasne sc., avant le texte au verso ; in-fol., Habert sc., en 2 manières, à   4 fr. Voyez aussi numéros 4242, 4354.

Franche-Comté.

2280 AVAL. Royer (J. B.). Curé de Chavannes, dép. d'Aval en 1789. In-4, Courbe sc.   2 fr.

Balançon. Voyez N° 4750.

2281 BAUME-LES-DAMES. Coyer (Gabr. Fr.), Jés., de l'ac. de Nancy. In 8, Trière, 1782. Beau.   3 fr. Bellevaux. Voyez N° 5071.

2282 BESANÇON. Pet. vue rare, in-8 obl., gr. par Vallegio, 1572.   3 fr.

2283 — Pl. p. De Fer.   1 fr.

2284 Baraguay d'Hilliers, général. In-8. Forestier sc.   1 fr.

2285 — In. fol. à cheval. Paris, chez Jean.   3 fr.

2286 Besardus (J. Bapt.), sc. Dr à Besançon. Kilian de 1617. Rare, s. m.   3 fr.

2287 Boissard (J. J.). Poète, né à Bes., se fixa à Metz 1528-1602, in-12. Th. de Bry sc. Texte au V.   1 fr. 50

2288 — In-4. Beau portr. gr. en 1597. Rare.   12 fr.

2289 Choiseul-Beaupré (A. Cl. Card. de) de Langres, archev. de Besançon, mort 1774. In-fol. Pazzi sc., t. m. Rare.   5 fr.

2290 Crécy (F.-D. Comte de), né à Besançon, dép. en 1789. In-4. Courbe sc.   2 fr.

2291 Fourier (Ch.), Philos., né à Besançon, 1768-1837. Pet. in-fol., gr. par Flameng, rare.   3 fr.

2292 Grammont (A. P. de), archev. de Bes. In-8, Desrochers sc.   2 fr.

2292 bis — In-4, lith. de Maurin.   1 fr.

2293-94 Granvelle (A. Perrenot Card. de) de Besançon, év. d'Arras, Coutances, Malines. Bes. In-12, Neets sc.; in-fol. Larmessin sc., avec biog., à   2 fr.

2295 — In-8, F. v. Wyngaerde sc. Rare. 3 fr.

2296-97 — In-fol. Bouttats fec. 1681; in-fol. Beau portr. avec 4 vers p. Brandt, à 4 fr.

2298 — Réunion importante de 32 portraits différents in-8 et in-4, dont plusieurs de l'époque et rares, gr. p. Bousquet, Chenu, Larmessin etc.   8 fr.

2299 Jacob (J.), âgé de 120 ans, né à Sauverain pr. Bes., en 1669. Pet. in-fol. gr. p. Angélique Briceau 1789. Rare.   5 fr.

2300 Longin (abbé), prêtre du dioc. de Bes. In 8 Lith. Llanta.   1 fr.

2301 Martin (Fr.), dép. de Bes. en 1789, maire de Gray. In-4, Le Vachez sc. 4 fr.

2302 Mathieu (Mgr.), év. de Langres, archev. de Besançon. In-4, lith. Caillet.   1 fr. 50

2303 Monnet de Reinemberg (J.), chan de Bes. 1662. In-8, M. V. Sommera sc. 1667. Rare.   3 fr.

2304 Orchamp (Cl. d') de Besançon, Minime en 1655. In-12, s. n. d. g. Très rare. 3 fr.

2305 Precipiano (H. G. de), Bar. de Soye, decan de Besançon. 1667. In-8, Somer, sc.   3 fr.

2306 Rey (F. I.), Ing. à Besançon, né à Vallon, 1731. In-12, Rond. Chrétien sc. au physionot.   8 fr.

2307 Rohan-Chabot (Card. de), parisien. archev. d'Auch., de Bes., 1788-1833. 3 port. différ. dont 1 avant l. l.   4 fr.

2307 bis **Suard** (J.-B Ant.) de l'Ac. fr., né à Besançon, 1733-1817. In-4, belle lith. de Boilly.   1 fr. 50

2308 Trincano (L. C. V.) de Bes., mort à Versailles 1785, Médec. In-8, joli port. s. m.   2 fr. Pour d'autres portraits relatifs à Besançon, voyez aussi les numéros 494, 513, 4206, 4358.

2309 CHAMPLITTE Cusance (Claire Marie Françoise de), Religieuse à Champl., 1621-40. In-fol., fig. ent. debout; raccom. au bas.   4 fr.

Voyez aussi n° 1089.

2310 **DOLE** (Vue du siège de) en 1637; grav. allem., in-fol. obl., avec les noms de Rantzau, Degenfeld, Gassion, etc.   2 fr.

2311 **Thèse** de philosophie de l'univ. de Dôle, obtenue par les 3 fils de l'électeur du Palatinat. Magnif. grav. gr. in-fol. obl. avec les portr. des 3 frères gr. p. Thourneiser en 1667.   12 fr.

2312 **Arné** (Jos.), grenadier, né à Dôle, arrêta le gouv. de Launay en 1789, lors de la prise de la Bastille. Pet. in-fol. gr. p. Mixelle, imp. en coul. Au bas la scène de l'arrestation.   15 fr.

2313 **Bouvier**, Médecin de Dôle. In-12 en rond (gr. p. Quenedey).   6 fr.

2314 **Brun** (Ant. de), Plénip. en 1648, né à Dôle. In-8, Moutcornet sc.   2 fr.

2315 **Le Jeune** (J.) dit l'Aveugle, né à Dôle, perdit la vue à Rouen, mort à Limoges, 1592-1672. In-12, s. n. d. g.   2 fr.

2316 — In-8. s. n. d. g.   3 fr.

2317 **EPY. Mayet** (M.), curé d'Epy, 1751-1830. In-4, lith. Pointurier.   2 fr.

2318 **GRAMMONT.** La Hollandoise à son clavecin. Estampe in-fol. gr. p. Boizot, et dédiée à la duchesse de Gramont. 5 fr. Grey. Voyez n° 2301.

2319 **LONS-LE-SAUNIER. Lecombe** (Cl. Jos.), né à Lons-le-Saunier, 1759-1815, génér. In-4, Bonneville sc. Sup. ép.   2 fr.

2320 — In-fol., Roger sc., d'après Guérin, t. m. Sup. épr.   6 fr.

2321 **MONTAGNEY. Percy** (P. Fr.), chirurgien, Docteur de Besançon. Invent. de la comp. des Brancardiers. Propriét. du dom. de Muyley p. Lagny (1754-1825). in-12, gr. p. Chrétien au physionot.   8 fr.

2322 **MONTBÉLIARD. Toussain** (Dan.), né à Montb , Prof. à Orléans et à Heidelb., 1541-1602. In-8, gr. p. Zetter.   2 fr.

2323-24 — In-4, gr. p. Aubry; in-4, gr. p. Hondius, à   3 fr. Voyez aussi n° 1604.

2325 **SAINTE-CLAUDE. Chamon** (A. J. de), év. de St.-Claude. 2 portr. in-8 et in-4. 2 fr.

2325 bis **SAINTE-HIPPOLYTE. Courtois** (Jac. de), dit le Bourguignon, jésuite et peintre de batailles, 1621-76. In-fol., Pazzi sc. Sup. épr. Rare.   6 fr.

2326 **SALINS.** Jolie pet. vue gr. par Furck. 1600.   2 fr.

2327 — Pl. gr. p. Perelle.   0 fr. 50

2328 — Environs des Bains de Salins. Suite de 13 vues avec le titre, Blanchard del. et lith. In-fol. obl.   3 fr.

2329 **Fenouillot de Falbaire de Quingey** (Ch. G.), né à Salins, Insp. des Salines de Fr.; C.-Lorraine et de 3 év. In-8, St.-Aubin sc. 1787. Rare.   6 fr.

2330 **Préval** (Général), né à Salins. In-4, Forestier sc.   1 fr. 50 Voyez aussi le N° 3893.

2331 **VESOUL. Dien** (M.), Préfet. In-fol. lith. Desmaisons.   1 fr.

2332 **Gourdan**, dép. au Cons. de 500. In-12. Joli et rare portr. g. p. Gonord.   5 fr. Voyez aussi le N° 513.

La suite de ce **Répertoire** paraîtra dans quelques semaines et ne sera adressée qu'aux personnes qui en feront la demande ; l'envoi se fera *gratis et franco*. On est prié de conserver le présent catalogue, à cause des renvois et de la table alphabétique à la fin ; le tirage étant limité nous ne pourrions plus fournir un second exemplaire.

Le Propriétaire-Gérant: GODEFROY MAYER.

GRANDE IMPRIMERIE DU CENTRE — HERBIN A MONTLUÇON.

RÉPERTOIRE GÉNÉRAL
de 6000 Vues et Portraits anciens

Classés par Villes et Provinces, avec de nombreux renvois et suivi, à la fin, d'une table alphabétique de tous les noms propres.

EN VENTE AUX PRIX MARQUÉS CHEZ

GODEFROY MAYER
MARCHAND D'ESTAMPES
47, RUE RICHER A PARIS

Seconde partie contenant : **LA BELGIQUE**

Notice Importante: *La première partie ainsi que la suite de ce Répertoire ne seront adressées qu'aux personnes qui en feront la demande ; l'envoi se fera gratis et franco.* On est prié de conserver le présent catalogue, à cause des renvois et de la table alphabétique à la fin ; le tirage étant limité, nous ne pourrions plus fournir un second exemplaire.

Seconde partie du Répertoire de 6000 Vues et Portraits.

LA BELGIQUE

PORTRAITS DE NOBLES BELGES, DE GOUVERNEURS ESPAGNOLS, ETC.

1706 **Alba** (Ferd. duc d'). In-fol., buste à dr. s. n. d. g.   3 fr.

1707 — In-fol. A. K. sculp. 1582. Beau port. s. m.   2 fr.

1708 **Aremberg** (Isabelle d'), duchesse de Wurtemb. In-4, Waumans sc. Très rare.   6 fr.

1709 **Aremberg** (Alb. Prince d'), comte d'Aigremont et de Rue (Ardennes). In-4, P. de Iode sc. Rare et beau.   3 fr. 50

1710 **Blancatcio** (Fra Lelio), Gouv. espagn. In-fol., Van Dyck p. N. Lauwers sc.   3 fr.

1711 **Briaumont** (J. P. de), Colonel Impér. In-8, R. H. sc. 1649. Rare.   3 fr.

1712 **Cantelmo** (Aud.), ex ducibus Populi, Gouv. espagn. In-4, C. Waumans fec. 3 fr.

1713 **Croy** (Innocent de), Clerc régulier à Rome, 1659-84. In-4, B. Farjat sc. Très rare.   5 fr.

1714 **Croy** (Marie-Claire de), duchesse de Havré, baronne de Fenestrange en Lorr, comtesse de Fontenoye. In-fol., A. Van Dyck p. C., Waumans sc. Magnif. épr. du 1er état.   15 fr.

1714 *bis* **Croy** (Geneviève d'Urfé, veuve de Charles-Alex. duc de). In-fol., V. Dyck p. P. de Iode sc. Sup. épr.   6 fr.

1715 **Delescherpierre** (Sam.) dit la Rivière, Pasteur de l'égl. franç. à Delft, âgé de 86 ans en 1660. In-fol., Specht exc.   4 fr.

1716 **Espagne** (Philippe II roi d'). In-8, Crisp. de Passe sc.   5 fr.

1717 — In-8, Th. de Leu sc.   4 fr.

1718 **Espagne** (Philippe IV roi d'), comme jeune homme, à cheval. In-fol., C. Greutter sc. Beau.   10 fr.

1719 — Copie du port. préc. en contre-sens (p. Weiss à Strasb.).   6 fr.

1720 **Espagne** (Elisabeth de Bourbon, reine d'), épouse du préc. In-fol., Rubens p. Vienot fec. Très rare s. m.   5 fr.

1721 **Espagne** (Charles II roi d'). In-fol., à cheval, J. Peeters sc.   2 fr. 50

1722 — In-4, Bouttats fec.   1 fr.

1723 — In-4, Comme jeune homme. Charm. port. gr. p. M. Küssel, d. un beau cartouche.   4 fr.

1724 **Farnèse** (Alex. de), Gouvern., mort 1592. In-12, curieux port. d. d. feuillages. Rare.   3 fr.

1725 **Fontaine** (Paul-Bern, comte de), Préfet espagnol en Flandre. In-4, P. de Iode exc. Rare.   3 fr.

1726 **Haeften** (B. Van), abbé du monastére d'Afflighem, 1598-1658 In-fol., Vermeulen sc. Beau.   4 fr. 50

1727 **Laurent** (H. Flor.), Seign. de La Haye, Conseill au Sénat, 1579-1662. In-fol., A. a Diepenbecke del., P. de Iode sc. Beau.   4 fr.

1728 **Moncada** (Fr. de), Marq. d'Aytone, Comte d'Ossone, Gouvern. espagn. In-fol., Van Dyck pinx, Vorstermann sc.   5 fr.

1729 **Moreno** (Rich.), Vic.-Gén. de Cîteaux d. la Flandre française. In-fol., Gantrel sc. 1693. S. m.   3 fr.

1730 **Moura** (Franç. de), Comte de Lumiares, Marq. de Castelrodrigo, Gouvern. In-4, Waumans sc. Rare.   3 fr. 50

1731 **Neercassel** (J. Van), Vic. apost. en Belgique, 1626-86. In-fol., Habert sc.   3 fr.

1732 -- Gr. in-fol., J. Van Munnikhuysen sc. Sup. port.   8 fr.

1733 **Ney** (J. de) Franciscain, Légat d'Albert d'Autr. en 1609. In-8, C. Vischer sc. Rare.   5 fr.

1733 bis **Olivares** (Don Gasp. Gusman duc d'), Gouv. des Pays-Bas, 1587-1645. In-fol., Rubens pinx, Corn. Galle sc. Rare.

1734 **Orange-Nassau** (Frédéric Henri d'), 1584-1647. In-4, gr. p. Odieuvre. Sup. portr. avec le beau cart. de Babel.   3 fr.

1736 -- Emelie de Solms, son épouse. In-4, P. de Iode fec. 1635.   4 fr.

1738 **Orange-Nassau** (Maurice de). Sup. pl., à cheval, au fond une bataille. Engelberg de Paendre sc. Magn. épr., exc. rare. Pet. raccom. au bas.   25 fr.

1739 **Orange-Nassau** (Guill. Henri de). In-4 (Merian sc.).   1 fr. 50

1739 bis -- In-4, à cheval, Possenier sc. Beau et rare.   5 fr.

1739 ter **Orange-Nassau** (Ernestine de Ligne, comtesse d'). In-fol., V. Dyck p. Mich. Natalis sculp. Sup. épr. avec l'adr. de Meyssens, 1er état, rare.   12 fr.

1740-1 **Orange-Nassau** (Guill. Louis d'), 1626-50. In-8, s. n. d. g. Texte an V. In-12, s. n. d. g., à   0 fr. 50

1742 -- In-4, Ingouf sc.   1 fr.

1743 -- In-4, (Cr. de Passe sc.). Beau.   5 fr.

1744 **Orange-Nassau** (Marie Stuart d'), épouse de Guill. II. In-fol., Houbraken sc., 1752. Magn. ép., t. m.   5 fr.

1745 -- **Réunion** de 16 beaux portraits de la Maison d'Orange, dont plusieurs rares. Nassau (Henri Casim., p. Schenck et Steventz; Philippe et Ern. Casim., p. Leclerc;

Maurice, p. Hondius, 1599; Wilh. Fréd. Carl, Wilhelmine Friederike, Wilhelm Ier, etc.   16 fr.

1746 -- **Réunion** de 6 brochures publiées à Leipzig en 1738 et années suiv., conten. la descr. de médailles relatives à la Maison d'Orange-Nassau. Chaque broch. de 8 pp. in-4, avec portr., dérel. ensemble. 3 fr.

1747 -- **Enterrement** de Fréd. Henri, le 10 Mai 1647. Curieuse pl. gr. in-fol. obl. On y cite, parmi les nobles accompagnant le cercueil, les noms de La Trémouille, Radziwill, Solms, etc.   8 fr.

1748 **Pimentel de Prado** (Ant.), gén. espagnol en Flandre. In-4, P. de Iode sulp., 1639. Rare.   3 fr,

1749 **Rogales** (Fr.), Confess. d'Albert d'Autriche. In-4, L. Vorstermann sc. Rare.   5 fr.

1750 **Rye** (Philibert de), comte de Varas, né au chât. de Balançon (Fr.-C.); Gr. Maître de l'art. des Pays-Bas. In-4, P. de Iode sc.   3 fr.

1750 bis **Spinola** (Ambr.), gouv. espagn. In-8. Charmant portr. g. p. (Crisp. de Passe).   5 fr.

1751 **Velasco** (Ign. Melch. Fern. de), gouv. de Belg. et de Flandre. In-4, Lommelin sculp. Beau et rare.   4 fr.

1752-1777. **PORTRAITS DES BELGES CÉLÈBRES**, à   2 fr.

-- *Angelus a Sta Clara*, Augustin, défin. en Belg. In-12, Weyen sc. -- *Bossu* (Max. Hennin Comte de). In-4, gr. p. Le Clerc. -- *Brederode* (H. de). In-4, p. Le Clerc. -- *Burch* (J. v. d.), légat de Liège en 1648. In-8 (Merian sc.). -- *Croy* (Ch. Phil. de), Pr. de Chimay. In-4, gr. p. Le Clerc. -- *Croy* (Ph. de). In-4, gr. p. Le Clerc. -- *Croy* (Guill. de). In-fol., Larmessin sc., avec biog. 3 ff. -- *Farnèse* (Al. de). In-fol., Gunst sc. -- *Gillis* (Jod.), vic.-gén. de Cîteaux. In-fol., Waumans sc. -- *Glano* (J. B. a), Augustin, Provinc. en Belg. In-12, Frau inv. -- *Guzman* (Don P. de), gouvern. In-4, Leclerc, exc. -- *Hermans* (Godefr.), abbé de Tongerloo. In-fol., Claessens sc. -- *Juvenis* (Rog.), Aug., Provinc. en Belg. In-12, s. n. d. g. -- *Idesbaldus* (St.), abbé de Dun. In-fol. obl. -- *Juan d'Autriche* (Don), gouv. de Belg. et de Bourgogne. In-4, (Merian sc.). -- *La Noue* (Fr. de). In-4, Le Clerc sc. -- *Ligne* (Pr. de). In-4, Schubert sc. -- *Ligniville* (J.-A. Comte). Théatin, in-4. -- *Meurs* (Ad. Comte). In-4, Le Clerc sc. -- *Meurs* (Ph. de), Pronot. apostol. In-8, s. n. d. g. -- *Neercassel* (J. v.), év. de Castor. In-fol. -- *Requesens* (Louis de). In-4, Le Clerc sc. -- *Schotte* (Rol.), Prieur de Marien-Croone. In-12. --

Sonoy (Théod.). In-4, Le Clerc, sc. —
Visch (Ch. de), abbé de Dun. In-8, Cau-
kercken fec. — *Zuniga* (J. D. de), gouv.
de Belg. et Bourg. In-8, (Merian).

1778-1784 PORTRAITS DE BELGES *à 1 fr.*

Espagne (Phil. III d') p. Hondius. —
Espagne (Phil. Ier d') p. Suyderhoj. —
Gomze (Nic. de), abbé, p. Natalis. — *La
Noue* (Fr.). In-12, s. n. d. g. — *Ney* (J.
de). In-12, s. n. d. g. — *Spinola* (A.).
In-12, portr. de l'ép. — *Verdugo* (Guill.
de). In-4, Kieser, sc.

1785-1793 PORTRAITS DE BELGES *à 50 c.*

Alba (Fern. duc d'). In-fol. — *Anjou* (Fr.
de France, duc d') p. Th. de Leu. — *Au-
triche* (Ferd. d'). — *Codde* (P.), vic. apost.
In-8. — *Egmont* (Lam. d'). In-8, Jacobsz
exc. — *Montmorency* (Flor. de), Gouv. de
Tournay, in-8. — *Montmorency-Horn*
(Phil. Comte de). In-8. — *Ney* (J. de).
In-8. — *Requesens* (L. de) p. v. Sichem.

1793 *bis* Cartes de la Flandre, gravées en
Allem. v. 1760. In-fol. obl., 8 cartes, t. m.,
ens.   2 fr.
1794 **ALOST**. Pet. vue rare p. Vallegio
(1572). In-8 obl.   **2 fr. 50**
1795 — Belle vue in-fol. obl., gr. p. Hogenberg.   2 fr.
1796 **ANVERS**. Pet. vue p. Vallegio (1572).
In-8 obl.   **2 fr. 50**
1797 — Vue in-fol. obl., gr. p. Léopold v.
1700. Rare.   **3 fr. 50**
1798 — Vue in-fol. obl., (gr. p. Mérian v.
1640).   2 fr.
1799 — Magnif. vue, royal in-folio obl.,
„Depingebat G. Houfnagel ".   8 fr.
1800 — Autre belle vue royal in-folio obl.,
dess. p. Werner, gr. p. Wolff vers 1740.
                                            15 fr.
1801 — Belle vue gr. in-fol. obl., avec la
vue de l'Hôtel-de-Ville, de la Maison han-
séatique et du fort, en tout 5 vues avec
descript., p. Blaeu v. 1640.   4 fr.
1801 *bis* — Carte du Marcgraviat d'Anvers
vers 1760, gr. en Allem. In-fol. obl.   1 fr.
1802 — Publication de la Paix en 1648.
Grav. allem. de l'époque, in-fol. obl. 3 fr.
1803 — Vue de la cathédrale. Gr. in-fol.,
W. Hollar fec. 1649. Beau.   6 fr.
1804 — Les amusements sur l'Escaut près
d'Anvers, pendant l'hiver 1776. Pet. in-fol.
Jolie eau-forte d'après J.-B. Rubens (pa-
tineurs).   5 fr.
1805 — Plan d'Anvers p. Schenck.   0 fr. 50
1806 **Beughem** (J. F. de), 9e év. d'Anvers.
Gr. in-fol., (Etringer sc. ?) Belle épr. s. m.
                                          3 fr. 50

1806 *bis* **Simeomo** (Mac.), abbé de St-Michel
d'Anvers. 2 superbes portraits in-fol. et
gr. in-fol. obl., gr. p. Collin à Luxembourg 1669 ; ensemble.   8 fr.
1807 **Boudewyns** (Mich.), Médecin. In-fol.,
Clouvet sc.   5 fr.
1808-10 **Cachopin** (J. de), Amateur. In-fol.,
Vorsterman sc. d'après Van Dyck. —
Galle (Théod.), Graveur, par les mêmes.
— *Wyngarde* (F. v. d.), Graveur, p. W.
Hollar. Chaque portr. à   3 fr.
1811-1825 **Butkens** (Christ.), Prélat d'A.,
in-fol., Borckens sc. — *Capello* (M. A.),
év. d'A., in-24, Bouttats sc. — *Dyck* (A.
v.), in-4, Clouvet sc. ; in-fol., Vorsterman
sc. — *Eupen* (P. J. Simons van), né à A.
1744, in-fol., St-Aubin sc. — *Frankers-
torpff* (P. J. de), év. d'A. en 1727, in-4,
Aken sc. — *Hontsum* (Z. v.), Chan. d'A. ;
in-fol., Lommelin sc. — *Meteren* (Em.
de), Histor., in-fol. — *Miraeus* (A.). In-
fol., Diamaer sc. — *Nelis* (C. F. de), év.
d'A. en 1785, in-fol., Thelote sc. ; in-8,
Rosaspina sc. — *Senault* (J. F.), Orato-
rien, né à Anvers ; in-8, s. n. d. g. ; in-fol.,
Lubin, sc. — *Sonnius* (F.), 1er év. d'A. ;
in-4, s. n. d. g. — *Wellens* (D.), év. d'A. ;
in-4, s. n. d. g., avec chronogr. Chaque
portrait à   2 fr.
1826-1846 **Brauwer** (A.), Peintre ; in-fol.,
Boulennois sc. — *Butkens* (Ch.). In-8,
Harrewyn fec. — *Capello* (M. A.), év.
d'A., in-fol. — *Crayer* (G. de), peintre ;
in-fol., Boulonnois sc. — *Dyck* (A. v.).
In-fol., Larmessin sc. ; in-8, Pontius sc.
— *Elde* (A. v. d'), év. d'Anv., in-fol. —
Floris (Fr.), Peintre ; in-fol., Boulonnois
sc. — *Mesius* (An.), Peintre, in-fol. —
Miraeus (J.), év. d'Anv., in-4. — *Port*
(A. v.), Peintre ; in-8, Snyers sc. — *Por-
ten* (H. J. v. d.), abbé à Anv. ; in-4, Bou-
che sc. — *Rubens* (P. P.). In-fol., Bou-
lonois sc. — *Segers* (G.). In-fol., Boulonois sc. — *Senault* (J.). In-8, Desro-
chers sc. ; in-8, Berthault sc. ; in-fol.,
Lubin sc. — *Sonnius* (F.), év. d'Anv.,
in-8. — *Torrentius* (L.), év. d'Anv., in-8.
— *Utrecht* (A. v.), Peintre ; in-8, Wou-
mans sc. — *Verhaecht* (T.), Peintre, in-8,
Coukerken sc. Chaque portrait à   **1 fr.**
1847-52 **Becanus** (J. G.) — *Garetus* (J.) —
Graphaeus (C.) — *Iode* (G. de) — *Livineus*
(J.) — *Miraeus* (A.). Portr. in-24, (gr. par
Azelt 1688), à   **0 fr. 50**
Voyez aussi n° 1597.

1853 **BELLOEIL** (Vue du chât. de), appart. au
prince de Ligne. Gr. in-fol. obl., gr. v.
1750. De la plus grande rareté.   15 fr.
1854 **BERGHES ST-WINOX**. Magnif. vue
avec celles du couv. des Bénédictins, gr.

p. Jac. de La Fontaine ; gr. in-fol. obl. 2
vues avec texte descr.   4 fr.

1855 — 3 pl. p. Schenck, Bodenehr et De Fer,
à   0 fr. 50
1856 — Belle vue, gr. p. Léopold v. 1720,
in-fol. obl.   3 fr.
1857 **BRUGES**. Pet. vue rare, gr. p. Vallegio, in-8 obl. (1572).   2 fr. 50
1858 — Plan gr. p. Bodenehr v. 1715, in-4
obl.   1 fr.
1859 — Magnif. vue gr. in-fol. obl., gr. p.
Blaeu v. 1640, avec descr.   3 fr. 50
1860 **Haynin** (Rob. de), Sgr. de Demaclines
et Demarets, év. de Bruges ; gr. in-fol.
Brune sc. 1663. Portr. rare avec les armes
de Lannoy, Croy, Estournel, etc. (Voyez n°
1688), s. m.   8 fr.
1861 **Rodoan** (Ch. Phil. de), év. de Bruges,
1612. In-8, Schelhauer sc. Très rare. 4 fr.
1862-65 **Cassander** (G.), né pr. de Bruges 1515.
In-4, s. n. d. g. — *Rommel* (J.), sén. à
Br. In-4, Iode sc. — *Stricht* (J. v. d.), chan.
de Br. In-4, Pilsen sc. 1741. — *Susteren*
(H. J. v.), év. de Br. In-fol. Bouttats sc.
Chaque portr. à   2 fr.
1866-78 **Baillencourt** (Fr. de), év. de Br. In-
fol. et in-8. — *Bassery* (G. de), év. de Br.
In-fol. — *Bosch* (C. v. d.), év. de Br. In-8.
— *Curtius* (P.), év. de Br. In-fol. — *Denis
Christ.* év. de Br. In-8. — *Druititus* (R.),
év. de Br. In-fol. — *Haudion* (N.), év. de
Br. In-8 et in-fol. — *Haynin* (R. de), év. de
Br. In-8. — *Lespée* (J. J.), chan. de la cath.,
gr. p. Vermeulen. — *Precipiano* (H. G. de),
év. de Br. In-8. — *Quinkerius* (Serv.), év.
de Br. In-fol. — *Suisy* (Et. de), in-4. Chaque portr. à   1 fr.
**Pour d'autres portraits relatifs à Bruges
voyez aussi Nos 35   36, 547, 549, 2750,
5533.**
1879 **BRUXELLES**. Pet. vue rare, p. Vallegio. 1572, in-8 obl.   2 fr. 50
1880 — Belle vue, gr. p. Léopold vers 1720,
in-fol. obl.   3 fr. 50
1881 — 2 pl. gr. p. Schenck et pl. allem. In-4
obl.   1 fr.
1882 — Magnif. vue à vol d'oiseau, avec
celle de la cour. 2 vues gr. in-fol. obl.
avec descr., gr. p. Blaeu (1640).   4 fr. 50
1883 — Plan de Br. et de ses faubourgs, sup.
pl. gr. p. Reding. 1829, gr. in-fol. obl. T.
m. Rare.   3 fr.
1884 — Vue du couv. des Bénédict. à Br.
Gr. in-fol. obl. vers 1650.   3 fr.
1885-93 **Bernard de Br**. Peintre, in-fol. Boulonois sc. — *Chapuisot* (Cl.), Pronot. apost.
à Br. In-12, beau. — *Cools* (J.), August. à
Br. Galle sc. in-8. — *Crabbius* (J.) August.
à Br. In-8, Galle sc. — *Mytens* (A.) Pein-

tre, in-fol. Boulonois fec. — *Plancius* (P.),
Mathém. à Br. In-4, Delff sc. 1625. — *Quesnoy* (F. du), Sculpt., in-4, Randon sc. —
Roger de Br., Peintre, in-fol. Boulonois
sc. — *Vesal* (A.), Médecin, in-fol. Boulonois sc. Chaque portr. à   2 fr.
1894-98 **Crabbius** (J.), August. p. Galle. —
Feller (F. X. de), Jés., gr. p. Doyen, in-12.
— *Heinsius* (D.) In-8. — *Meyssens* (J.) In-4.
— *Vesal* (A.) In-4 et in-24, à   0 fr. 50
Voyez aussi n° 1352.
1899 **BURICK** (Pl. de) p. Perelle.   0 fr. 50
1900 **CHARLEROY** (2 pl. de) p. Schenck, à
                                      0 fr. 50
1901 — Belle vue p. Bodenehr ; in-4 obl.
v. 1720.   1 fr. 50
1902 **CHIMAY**, avec les vues de Philippeville, Walcourt et Marienbourg ; gr. in-
fol. obl., gr. p. Hogenberg.   2 fr.
1903 **COURTRAY**. Sup. vue. Gr. in-fol. obl.,
dess. p. L. de Dasaques, avec la descr.
                                         4 fr.
1904 — Vue in-4 obl., gr. p. Bodenehr v.
1720.   1 fr. 50
1905 **CRÉVECŒUR** (Pl. de). In-fol. obl. p.
Blaeu.   0 fr. 50
DENAIN. — Voyez n° 1659.
1906 **DENDERMONDE** (Superbes vues et pl.
de). Gr. in-fol. obl. p. Vedastus du
Plouich, avec descr.   3 fr.
1907 — (Pl. de) p. Schenck.   0 fr. 50
1908 Portr. de J. *Livineus* de Dendermonde.
In-4, s. n. d. g.   2 fr.
1909 **DINANT**. Jolie vue gr. p. Bodenehr.
In-4 obl. v. 1720.   2 fr.
1910 — (Plan de) p. De Fer.   0 fr. 50
1911 — Magnif. vue gr. in-fol. obl., gr. p.
Blaeu v. 1640.   3 fr.
1912 Portr. de J. *Patinier*, Peintre de Dinant. In-fol. Boulonois sc., avec biogr.
                                         2 fr.
1913 **DIXMUDE** (Pl. de). In-4 obl. p. Bodenehr.   0 fr. 50
1914 — Sup. vue et pl., gr. in-fol. obl. p.
Vedastus du Plouich.   2 fr. 50
1915 **FLEURUS** (Pl. d. l. Bat. de). Gr. in-fol.
obl. Liebaux sc.   1 fr. 50
FONTENOY. — Voyez n° 916.
1916 **FURNES** (Pl. de) p. Bodenehr. In-4
obl.   0 fr. 50
1917 — Belle vue et pl. gr. p. Vedastus du
Plouich. Gr. in-fol. obl.   2 fr.
1918 — Sup. vue p. Léopold. In-fol. obl. v.
1710. Rare.   1 fr.
1919 **GAND**. Pet. vue rare, gr. p. Vallegio
v. 1572.   2 fr.
1920 — Belle vue p. Léopold v. 1720, in-fol.
obl.   3 fr.

1921 — (Pl. de) p. Bodenehr ; in-4 obl. 1 fr.
1922-23 — (Pl. de) p. Schenck et Isselin, à
0 fr. 50
1924 — Magnif. vue. Gr. in-fol. obl. p.
Blaeu. v. 1640, avec la descr. 3 fr 50
1925 — Le Sas de Gand. Pl. p. De Fer.
0 fr. 50
1926 **Allamont** (Eug. Alb. d'), év. de Gand,
Comte de Brandeville, baron de Busy,
Sgr. de Malandry. In-fol. Alex. Vost Jun.
sc. Sup. ép., rare. 12 fr.
1927-30 — In-fol. Natalis sc. Raccommod. au
bas ; in-8, joli portr. s. n. d. ; in-4, Hol-
lander sc. ; in-4. Meissens sc. à 3 fr.
1931-32 — In-4, Meyssens sc. Pet. m. ; in-
fol., s. n. d. g., à 2 fr.
1933 **Smet** (J. B. de), év. d'Ipre et de Gand.
In-fol., Pilsen sc., beau. 3 fr. 50
1934 **Stopius** (Jac.) de Gand, amateur ; in-
fol., beau portr. Meyssens exc. 4 fr.
1935-38 **Bosch** (C. v. d.), év. de G. ; in-8,
Cankerken fec. et autre. — *Noot* (Ph. v.
d.), év. de G. ; in-fol., Bouttats sc., avant
l. l. — *Triest* (A.), év. de G. ; in-4, Iode
sc., à 2 fr.
1939-56 **Bascherius** (P.), Dominic., in-4. —
Boonen (J.), év. de G., in-fol. — *Bosch*
(C. v. d.), év de G., in-fol. — *Damant*
(P.), év. de G., in-fol. — *Grobbendonck*
(J. A. de), év. de G., in-fol. — *Heinsius*
(D.), in-fol., Larmessin. — *Hoornbeeck* (F.
v.), év. de G., 2 portr. in-fol. — *Hornes*
(Al. de), év. de G., in-fol. — *Jansenius*
(C.), év. de G., in-8, 2 portr. — *Lindanus*
(G.), év. de G., in-4 et in-fol. — *Masius*
(C.), év. de G., in-fol. — *Noot* (Ph. Et. v.
d.), év. de G., in-fol. — *Smet* (J. B. de),
év. de G., in-fol. — *Triest* (A.), év. de G.
Chaque portr. 1 fr.
1957-60 *Bascher.* — *Jansenius.* — *Linda-*
nus. — *Utenhoven.* in-24 à 0 fr. 50
Voyez aussi Nᵒˢ 743, 1607.
1961 **GAVRES.** Belle vue avec celles de Er-
dershem, Renay et Nieuove. Gr. in-fol.
obl., avec descr. 2 fr.
1961 *bis* **GRIMBERGHE** (Vue de l'abbaye de
Prémontrés de). Gr. in-fol. obl., s. n. d. g.
v. 1640. 3 fr.
1961 *ter* — **Maras** (Nic. Jos.), abbé de Grimberghe, né en 1733. In-fol. Claessens sc. ;
2 épreuves dont une magnifique avant l. l.
ens. 6 fr.
1962 **HASSELT.** Belle vue gr. in-fol. obl.,
dess. p. Vedastus du Plouich, avec descr.
2 fr. 50
1963-64 **HUY** (Plan de) p. Schenck 1703, et p.
de Fer 1693, à 1 fr.
1965 — Sup. vue gr. in-fol. obl., grav. par
Hogenberg en 1574. 2 fr. 50

1966 — Vue in-4 obl., Bodenehr fec. 2 fr.
1967 — Belle vue par Léopold ; in-fol. obl.,
v. 1720. 3 fr.
1968 — Magnif. vue gr. in-fol. obl., dess. p.
Ved. du Plouich, avec descr. 4 fr.
Voyez aussi Nᵒ 2046.
1969 **IPRES.** Pet. vue rare, in-8 obl., gr. par
F. Vallegio v. 1572. 2 fr.
1970-72 — (Plans d') par Schenck, de Fer,
Bodenehr, à 0 fr. 50
1973 — Belle vue in-fol obl. gr. par Hogem-
berg v. 1574. 2 fr. 50
1974 — Vue à vol d'oiseau par Bodenehr.
1 fr.
1975 — Siège d'Ipres en 1678. Grav. col. in-
fol. obl. 1 fr. 50
1976 — Sup. vue et pl., gr. in-fol. obl. gr.
p. Vedastus du Plouich, avec descr. 3 fr.
1977 **Wawrans** (F. J. H. de), év. d'Ipres en
1752. Gr. in-fol., Cardon sc. Rare. 5 fr.
1978-82 *Capello* (A.), Dominic, Lanwers sc.,
beau. — *Delvaulx* (G.), év. d'Ipres ; in-fol.,
Pilsen sc. — *Jansenins* (Cor.), év. d'Ipres ;
in-4, V. Does sc.; in-4 Wit exc. — *Sande-*
rus (A.), chan. d'Ipres ; in-4, Harreuyn fec.
Chaque portr. à 2 fr.
1983-92 *Bouckaert* (L.), év. d'Ipres ; in-fol.
— *Jansenius* (C.). In-12, s. n. d. g. ; in-12,
Pitau sc.; in-4, Daumont, exc. — *Ritho-*
vius (Ch.), év. d'Ipres ; in-fol. — *Robles*
(J. de), év. d'Ipres ; in-fol. — *Roo* (J. B. v.),
archipr. d'Ipres 1716-97 ; in-12. — *Simo-*
nis (P.), év. d'Ipres ; in-4 ; in-fol. — *Vis-*
cherius (J.), év. d'Ipres, in-fol., à 1 fr.
1993-98 *Gérard* (A.). In-4, in-8. — *Jansenius*
in-8 et in-12. — *Vischerius*, in-8. — *Ri-*
thovius, in-24. — *Simonis*, in-24, à 0 fr. 50
Voyez aussi Nᵒ 1933.
1998 *bis* **JEMAPPES. Gossec** (Fr. Jos.), musicien, né à Verguies en 1733. In-4, belle
lithog. de Boilly
1999-2000 **LIÈGE.** 2 pet. vues rares, in-8 obl.
gr. par F. Vallegio 1572, à 3 fr.
2001 — Pet. vue curieuse gr. par Furck ; 1600.
2 fr.
2002-3 — (Pl. de) par de Fer et pl. allem., à
1 fr.
2004 — Magnif. vue royal folio obl., gr. par
Just. Milheuser vers 1630, avec la vue du
palais épiscopal ; 2 pl. avec la descr. Cette
vue de Liège est assurément la plus belle
qui existe ; elle est gravée avec la plus gr.
finesse et ne contient pas moins de 295
renvois. 12 fr.
2004 *bis* — Fontaine de la Vierge sur la
place St-Paul. Gr. in-fol. avec chronogr.,
sculptée par Delcour ; rare, 1780, t. m.
3 fr.

2005 **Jean Louis**, év. de Liège. Gr. in-fol., sup. portr. gr. par Gunst. Rare.   5 fr.

2006 **Jean Théodore** de Bavière, év. de Liège. Gr. in-fol., Bodenehr sc. Man. noire. 5 fr.

2007 **Julienne** (Sainte), née pr. de Liège. 1193-1258 ; gr. in-fol. A genoux priant, s. n. d. g. (Vorstermann ?).   5 fr.

2008 **La Marche** (Gisb. de), év. de Liège. In-4, Rubens p., Van Schuppen sc. Beau et rare.   5 fr.

2008 *bis* **Méan** (Ch. de) de Liège, Secrétaire de l'électeur de Cologne. In-fol. Natalis sc.   4 fr.

2009 **Méan** (F. A. Comte de), év. de Liège en 1792. Pet. in-fol. Godin sc. Beau. 5 fr.

2010 **Oultremont** (C. N. Al. d'), év. de Liège en 1763 ; gr. in-fol. N. de Launay sc. Sup. épr. gr. m. Rare.   15 fr.

2011-19 **Gravelot** (H.). Grav. in-4, gr. p. Massard. — *Hubens* (Baron de), Chan. de Liège, in-4. — *La Marck* (Er. de), év. de L. Fines sc., in-fol. — *Marc de Liège*, Colonel en 1649, in-8, Mannassei fec. — *Notger*, Ev. de L , Fines sc., in-fol. — *Sluse* (R. F. de), Chan. de L., Fines sc., in-fol. — *Sluse* (J. G. Card. de). Billy sc., in-fol. — *Wamese* (J.), Savant, in-fol. Larmessin sc. avec biogr. — *Wiggers* (J.), Prof. au sémin. de L. 1572-1639. In-4, Krafft sc. Chaque portr. à   2 fr.

2020-24 **Bommel** (C. R. A. v.), év. de L. Lithogr. in-fol. — *Chapeauville* (J.), Vic. de L., in-8, Valdor sc., avec chronogr. — *Grétry* (A. E. M.), Music., in-4, Adam sc. — *Redouté* (H. et P.), Peintres, in-4, Varin sc., à   1 fr.
    Pour d'autres portr. rel. à Liège, voyez aussi Nᵒˢ 2041, 5772, 5922, 5927.

2025 **LIER.** Belle vue gr. in-fol. p. Hogenberg. 1574.   2 fr.

2026 **LIGNY** (Bataille de) en 1815. Tr. belle grav. coloriée de l'ép. in-4 obl.   2 fr. 50

2027-28 **LIMBOURG** (2 vues de). In-4 obl. p. Schenck, à   0 fr. 50

2029 — Vue allem. in-fol. obl. v. 1650.   1 fr. 50

2030 — Belle vue in-fol. obl., s. n. d. g. vers 1590.   2 fr.

2031 — Belle vue gr. in-fol., gr. p. Hogenberg. 1574.   2 fr. 50

2032 — Sup. vue gr. in-fol. obl., gr. p. Blaeu v. 1640, avec descr.   2 fr. 50

2033 **Hauzeur** (M.), Franciscain, né à Limb. In-fol. Collin de Luxemb. sc. 1671. 3 fr.

2034 — In-4, Fines sc.   1 fr. 50

2035 **Marchant** (P.), Franciscain à Limb. 1585-1661. In-fol. P. de Iode sc. Beau. 4 fr.

2036 — In-4, s. n. d. g.   2 fr.
    Voyez aussi Nᵒ 1662.

2037 **LOUVAIN.** Pet. vue rare p. Vallegio. In-8 obl. 1572.   2 fr.

2038 — Autre vue gr. p. Furck. 1600. 2 fr.

2039 — Magnif. vue gr. in-fol., gr. p. Blaeu v. 1640, avec la descr.   3 fr.

2040 — Belle vue in-fol. obl. p. Hogenberg. 1574.   2 fr. 50

2041 **Froidmont** (Lib.), né pr. de Liège, Prof. à Louv. 1557-1653. In-4, An. Boel sc. 1654.   3 fr.

2042 **Tapper** (R.), Dʳ de Louvain ; in-8, Bary sc.   3 fr.

2043 **Vecchelius** (L.), Martyr, Dʳ de Louv. ; gr. in-fol., s. n. d. g.   3 fr.

2044 **Wouters** (Sim.), abbé à Louvain. In-fol., Chevillet sc. Sup. épr. avant la l.   3 fr.

2045 **Zoesius** (H.), Dʳ de Louv., mort 1627. In-fol., Clouvet sc. Beau.   4 fr.

2045 *bis* **La Viefville** (Cl. F. de), abbé de Ste-Gertrude de Louvain ; gr. in-fol., R. Collin de Luxembourg sc. 1684. Sup. épr. 10 fr.

2045 *ter* — Même portr. Très belle épr. sans marges.   4 fr. 50

2046-49 **Bayus** (Mich.), Dʳ de Louv. 1512-89. In-4. — *Del Vaulx* (A.), né pr. de Huy, Dʳ de Louv. In-4. v. d. Steen sc. — *Sasbout* (Ad.), Francisc. à Louv. In-8, Wierix sc. ; in-12, Aubry sc. Chaque portr. à   2 fr.

2050-62 **Portraits de Docteurs de Louvain**, à   1 fr.
Cuyckius (H.). In-4. — *Dallman* (Ch. G.). In-8. — *Driutius* (Mich.). In-8. — *Duncanus* (M.). In-8. — *Garet* (J.). In-8. — *La Torre* (J. de). In-4. — *Musius* (C.). In-8 et in-fol. — *Sarbout* (Ad). In-8. — *Sonnius* (Fr.). In-fol. — *Steyaert* (M.). In-4. — *Tapper* (R.). In-8. — *Tulden* (D.). In-fol.

2063-81 **Portraits (Format in-24)**, à   0 fr. 50
Alardus-Babelus (H.). — *Biesius* (N.). — *Blosius* (L.). — *Canterus* (G.). — *Frisius* (G.). — *Gudelinus* (P.). — *Hunnaeus* (A.). — *Latomus* (J.). — *Leoninius* (E.). — *Lipsius* (J.). — *Mudaeus* (G.). — *Musius* (C.). — *Tapper* (R.). — *Valerius* (C.). — *Wamesius* (J.). — *Sasbout*. In-24 et in-8. — *La Torre*. In-fol.
    Voyez aussi Nᵒ 1593.

2081 **LUXEMBOURG.** Pl. p. de Fer, et carte du pays v. 1760, in-fol.   1 fr.

2082 — Pet. vue rare gr. p. Vallegio v. 1572.   3 fr. 50

2083 — Belle vue, in-fol. obl. gr. v. 1590.   3 fr.

2084 — Belle vue, in-fol obl. par Hogenberg, v. 1674.   3 fr.

2085 — Même vue, magn. épr. finement coloriée à l'époque, probablement p. Houfnagel fils. 5 fr.

2086 — (Prise de) en 1684, grav. allem. In-fol. obl. 1 fr. 50

2087 — Magnifique vue, gr. in-fol. obl. à vol. d'oiseau p. Blaeu, 1640, et autre vue de Luxemb. 2 belles pl. avec la descr. 6 fr.

2087 *bis* **Collin** (Rich.), graveur luxembourgeois. Portraits du Cardinal *Bona*, abbé de Cîteaux, et de Ambr. J. *Spinola* et *Guzman*, év. d'Hispala, gr. en 1681. Ensemble. 6 fr.
Voyez aussi N°s 1806 bis et 2045 bis.

2088-89 **Beck** (J. Baron de), seign. de Beaufort, gouvern. de Luxembourg. In-4, Iode sc. ; in-4, Aubry sc., à 3 fr.

2090 — In-fol., J. F. F. B., sculp. Sup. épr. à t. m. Rare. 8 fr.

2091-92 **Haasechius** (A.), prêtre centenaire, né d. l. Luxemb. In-8, Gutwein sc. ; Waumans sc., à 2 fr.

2093 — In-24 (Azelt sc.). 0 fr. 50

2094 **Naevius** (J.), médec. à Luxemb. Port. in-24 gr. p. Azelt. 0 fr. 50

2095 **Relation** de la trahison tramée contre la ville de Luxembourg en 1730. *La Haye*, 1742, 14 pp. in-4. Rare. 4 fr.
Pour d'autres portr. rel. à Luxembourg, voyez aussi N°s 552, 1280, 2033, 2129, 2611, 4022, 4263.

2096 **MALINES.** Pet. vue rare gr. p. Vallegio, 1572. 2 fr. 50

2097 — Belle vue in-fol. obl. gr. p. Léopold, v. 1720. 3 fr.

2098 — Belle vue in-fol. g. p. Hogenberg, 1574. 2 fr.

2099 — Sup. vue à vol d'oiseau, gr. in-fol. obl. p. Vedastus du Plouich, avec descr. 3 fr.

2100 **Washtendonck** (J. de), archev. de Malines, év. de Namur. In-fol., P. Verschuppen sc. Beau. 4 fr.

2101-12 — *Alan* (G.), card., prof. à Malines, chan. de Reims. In-fol., Boulenois, avec biogr. — *Ayala* (B.), sénat. à Mal. In-8, chronogr. — *Berges* (Al. de), archev. de Mal. In-fol. — *Boonen* (J.), archev. de Mal. In-fol., Pontius sc. — *Bossu* (Th. Ph. d'Abs. de), archev. de Mal. In-fol., 2 portr. — *Cruesen* (A.), archev. de Mal. In-8, Pitau sc. — *Frankenberg* (J. H. de), archev. de Mal. In-fol., Dandeleau sc. — *Lalaing* (A.), gouv. de Mal. In-4, Le Clerc exc. — *Longueil* (Chr. de). In-fol., Larmessin sc., biogr. — *Wessels* (Guill.), chan. de Mal. Beau port. in-4 (Valdor). — *Zypaeus* (F.), de Malines. In-4. Chaque portr., à 2 fr.

2112 *bis* **Bollius** (J.), peintre de Malines. In-fol., H. Grezius sc. ; sup. épr. avec la sign. de Mariette. 10 fr.

2113-2122 — *Boonen* (J.), archev. de M. In-4, V. Doès sc. — *Coexius* (M.), peintre. In-fol., Larmessin sc. — *Cruesen* (A.), archev. de M. In-fol. — *Dens* (P.), chan. de Mal. In-4, Jonet sc. — *Hauchinus* (J.), archev. de M. In-fol. — *Hovius* (M.), archev. de M. 2 portr. in-fol. — *Hunnaeus* (A.), de M. In-4. — *Precipiano* (H. G. de), archev. de M. In-fol. — *Wachtendonck* (J. de), archev. de M. In-fol., à 1 fr.

2123-28 — *Alan* (Card. G.). In-4 et in-8. — *Bossu* (Th. Phil. d'Als. de). In-8. — *Everard* (Nic.). In-24. — *Peckius* (P.). In-24. — *Torrentus* (L.). In-24, à 0 fr. 50
Voyez aussi N°s 1606, 2293 du Répertoire général.

2129 **MANSFELD** (Vue du palais de) en Luxembourg. Magnif. vue gr. in-fol. obl. avec celle du monum. Romain, gr. p. Blaeu v. 1640. 4 fr.

2130 — Port. de P. E. de *Mansfeld*, gouv. de Luxemb. In-fol., Disch sc. 3 fr.

2131-32 **MENIN** (Pl. de), par Schenck et Bodenehr, à 0 fr. 50

2133 — Sup. vue, gr. in-fol. obl. gr. p. Louys de Berjaques avec la descr., vers 1640. 3 fr.

2134 **MONS.** Pet. vue rare. In-8 obl. p. Vallegio, 1572. 2 fr. 50

2135 — Curieuse vue, in-8 obl. gr. p. Furck, 1600. 2 fr.

2136-38 — (Pl. de), p. Schenck, de Fer, Mérian, à 0 fr. 50

2139 — Belle vue gr. in-fol. gr. p. Hogenberg en 1574. 2 fr. 50

2140 — Sup. vue gr. in-fol. obl. p. Vedastus du Plouich avec la descr., v. 1640. 3 fr.

2141 **Orlandus de Lassus,** musicien à Munich, né à Mons. In-4, A. F. fec., 1599. Excesivem. rare. 10 fr.

2142 — In-4, Larmessin sc. 2 fr.

2143 **Mons** (Phil. de), musicien. In-fol., Larmessin sc., avec biog. 2 fr.

2144-45 **Lassus, Mons.** 2 pet. port. in-24, à 0 fr. 50
Voyez aussi N°s 454, 1582, 2603, 5199 du Répertoire général.

2146 **Mont-Royal.** Pl. p. de Fer. 0 fr. 50

2147-48 **NAMUR** (Pl. de) p. Schenck ; De Fer, 1695 ; carte du pays v. 1740, à 0 fr. 50

2149-50 — Deux vues in-4 oblong p. Bodenehr, v. 1710, à 1 fr.

2151-52 — Belle vue in-fol. oblong p. Hogenberg, 1525, en 2 manières, à 2 fr. 50

2153 — Pet. vue cur. gr. p. Furck v. 1600. 2 fr.

2154 — Belle vue p. Léopold, v. 1780. In-fol.
obl.   3 fr.
2155-56 — 2 belles vues gr. p. Bodenehr, à
                                              2 fr.
2157 — Sup. vue gr. in-fol. gr. p. Vedastus
du Plouich, avec la descr.   3 fr. 50
2158 — Carte partic. des mouvem. faits et
des postes occupés p. l. armées de Fr.
Royal in-fol. obl. gr. p. Cordier, 1692. 3 fr.
2159 **Berlo** (Ferd. de), né à Namur et év. de
N. In-4, Diamaer sc., 1719. Rare.   3 fr.
2160 **Perre** (P. Vanden), év. de Namur.
In-fol., Ertinger fecit aqua forti, 1680.
Beau.   4 fr.
2161 **Strickland** (Thom.), év. de Namur ; gr.
in-fol. gr. p. Thomassin.   5 fr.
2162 **Mandement** de M. le vic. de Paris, qui
ordonne que le Te Deum soit chanté en
action de grâces de la prise de Namur.
8 pp. in-4, n. r,   2 fr.
**Voyez aussi num. 1582, 1679, 2100. 6213,
du Répertoire général.**
2163 **NEERWINDE** (Pl. de la bat. de), 1693.
In-fol. obl. Est. allem.   1 fr. 50
2164 — Pl. gr. p. De Fer. 1693.   0 fr. 50
2165 **NIENROY**. Pet. vue rare gr. p. Furck.
1600.   2 fr.
2166 **NIEUKERCKE** avec les vues de Honds-
cote, Pamcle, etc. 4 p. et 1 pl. gr. par
Vedastus du Plouich, gr. in-fol.   2 fr.
2167 **NIEUPORT**. Belle vue in-fol. obl. gr. p.
Léopold, v. 1720.   3 fr.
2168 — Pl. et vue p. Raspe. In-fol. obl., v.
1760.   1 fr. 50
2169 — Sup. vue gr. in-fol. obl. gr. p. Vedastus du Plouich, v. 1640, avec la descr.
                                          3 fr. 50
2170 — Bataille de Nieuport en 1550. Belle
pl. gr. in-fol. obl., en 2 parties, avec la
descr. On y remarque les noms de Solms,
Chatillon, etc.   4 fr.
ORVAL. — Voyez n° 4263.
2171-73 **OSTENDE** (Pl. d'), gr. p. Schenck,
Bodenehr et De Fer, à   1 fr.
2174 — Belle vue gr. p. Léopold v. 1720.
In-fol. obl.   2 fr. 50
2175 — (Pl. et vue d') p. Raspe, v. 1758.
In-fol. obl.   1 fr. 50
2176 — Belle vue gr. p. Hogenberg, avec le
siège en 1604. Gr. in-fol. obl. Descript. au
verso.   3 fr.
2177 — Belle vue gr. in-fol. obl. p. Ved. du
Plouich, v. 1640, avec la descr.   3 fr.
Voyez aussi n° 2975.
2178 **OUDENARDE** (Pl. de la bat. d'), 1708,
Bodenehr fec. In-4 obl.   1 fr.
2179 — Sup. vue et pl. p. Ved. du Plouich,
v. 1640, avec la descr. Gr. in-fol. obl. 3 fr.

2180 **PHILIPPEVILLE**. Pet. vue gr. p. Furck,
v. 1600.   2 fr.
2181 — Belle vue avec celles de Beaumont et
Lessines, 4 v. s. 1 pl. gr. in-fol., v. 1640.
                                              2 fr.
2182 **ROCROY** (Plan de la bataille de), 1643.
Estampe allem. de l'époque, avec l'explic.
et les noms (Guiche, La Ferté-Séneterre,
Rambures, Beauvau, etc.).   3 fr.
Voyez aussi N° 749.
2183 **SPA** (Le marché de) et la fontaine du
Pouhon. Très joli dessin s. parchem., v.
1680, in-8 obl.   3 fr. 50
2184 **STEENKERKE** (Pl. d. l. bat. de), 1692.
Grav. allem. in-fol. obl.   1 fr.
2185 — In-4 obl. gr. p. De Fer.   1 fr.
2186-88 **TOURNAY** Pl. et vue à vol d'oiseau.
3 p. différ., gr. p. Bodenehr, v. 1710, à
                                          1 fr. 50
2189 — Les envir. de Tournay, v. 1710. Autre carte, v. 1740, à   0 fr. 50
2190 — Belle vue in-fol. obl., gr. p. Bodenehr, v. 1710.   3 fr.
2191 — Autre vue gr. p. Leopold v. 1730,
in-fol. obl. Rare.   3 fr. 50
2192 — Pet. vue très rare, gr. p. Vallegio.
1572.   3 fr.
2193 — Vue in-fol. obl., gr. p. Hogenberg,
v. 1580, avec la descr.   2 fr.
2194 — Magnif. vue gr. in-fol. obl., gr. p.
Ved. du Plouich, v. 1640, avec la descript.
                                          3 fr. 50
2195 — Bataille de Tournay, 22 mai 1794.
Curieuse gr. in-fol. obl., gr. p. Will. 3 fr.
2195 *bis* — **Dausquin** (Claude) de St-Omer,
chan. de Tournay 1586-1644. In-8, N. L. F.
fec. 1632. Très rare.   5 fr.
2196 — Portr. de *Fr. Villani*, év. de Tournay. In-4, Waumans sc.   2 fr.
2197 — Gr. in-fol. P. Van Schuppen sc. ;
sup. ép. de ce beau portr.   6 fr.
2197 *bis* — **Bruneau** (Ant.), Prés. du parlem.
de Tournay, gr. in-fol. Gantrel sc. ; sup.
ép. pet. m.   5 fr.
**Pour d'autres portr. rel. à Tournay, voyez
aussi les n°° 1680, 1685, 1785, 2515, 2669,
3270, 4022, 4318, 5922.**
2198 **WACQUEN**. Sup. vue gr. in-fol. obl.,
gr. p. Ved. du Plouich v. 1640, avec la
descr.   3 fr.
2199 **WALCOURT**. Jolie pet. vue gr. p. Furk.
1600.   1 fr. 50
2200 **WILMERDONK** (Pl. de la Bat. de) 1703,
gr. feuille vol., avec descr. typogr. Bruxelles, chez Fricx. 1712.   4 fr.